"Para aquellos que han aprendido que el golf es más que ι
que ofrecerá ideas útiles no sólo para su golf, sino que tan

-Ben Crenshaw, campeón del Masters en dos oc
escogido para el Salón de la Fama del Golf Mundial en el 2002

"Wally Armstrong y Ken Blanchard no sólo entienden de golf, sino también de la vida y el valor de las relaciones. Han elaborado una historia que debería conmover su corazón, ayudar a su juego de golf, y hasta puede tocar tu vida".
-Jack Nicklaus, leyenda del golf y escogido para el
Salón de la Fama del Golf Mundial en 1974

"Me gustó mucho la lectura de El Mulligan y yo sé que a mi papá, Harvey, le habría encantado este pequeño y sencillo libro porque hay tantas cosas en él que encarnan la sabiduría, la gracia y la importancia de las amistades que mi papá siempre atesoraba."
-Tinsley Penick, profesional de golf de la PGA

"Una historia convincente sobre la importancia de un mulligan. Puede que sólo ocurra en el primer tee en el golf, pero en el juego de la vida está allí para preguntarse, siempre y cuando esté preparado para preguntar y conocer a Aquel que tiene la respuesta".
-C. William Pollard, presidente de The ServiceMaster
Company y autor de The Soul of the Firm

"Si usted quiere mejorar su golf y su vida, leer El Mulligan es indispensable. Es un viaje espiritual hacia el fairway".
-John C. Maxwell, autor, orador y fundador
de INJOY Stewardship and EQUIP

"De vez en cuando necesitamos una llamada de atención para recordarnos las cosas que realmente importan en la vida. Afortunadamente, Wally Armstrong y Ken Blanchard en su libro, El Mulligan, nos aseguran que las segundas oportunidades para corregir nuestros errores están a ¡sólo un swing de distancia!"
-Paul J. Meyer, autor más vendido del New York Times
y fundador de Success Motivation International, Inc.

"En El Mulligan, Wally Armstrong y Ken Blanchard resaltan un hilo conector entre los deportistas y los que buscan una mejor comprensión del campo más amplio, que es la vida misma. Las lecciones de las segundas oportunidades, el perdón y el amor son eternos como el propugnado por el gran 'Viejo profesional': Jesucristo".
—Pete McDaniel, el autor más vendido
y escritor ejecutivo para Golf Digest

"A medida que caminamos por las calles de la vida, este gran juego nos enseña desde el principio que si continuamos en nuestra dedicación a la perfección, las cosas buenas pueden suceder. Lo mismo ocurre en nuestras propias vidas; la dedicación, el trabajo duro, y el ensayo y error serán recompensados. El Mulligan prepara el escenario para la puntuación perfecta. ¡Gran trabajo, Wally y Ken!"
-Jerry Rico, dueño de Richard Harvest Farms,
lugar de la Solheim Cup 2009

"Si el golf es una metáfora de la vida, entonces un mulligan es una metáfora perfecta para el amor de Dios. El nuevo libro de Ken Blanchard es un recordatorio terrible que cuando pedimos, Dios nos da segundas oportunidades a lo largo de nuestras vidas y en la eternidad".
-Bill Jones III, presidente y director ejecutivo de Sea Island Company{

"Todo el mundo necesita el mulligan supremo. Este libro le dirá cómo conseguirlo. Su vida nunca será la misma. Gracias, Ken y Wally".

Una parábola de segundas oportunidades

El

Mulligan

Ken Blanchard
y
Wally Armstrong

ZONDERVAN

El *Mulligan*

Copyright © 2010 by Wally Armstrong y Polvera Publishing

Este título también está disponible como un libro electrónico Zondervan. Visite www.zondervan.com/ebooks.

Este título también está disponible en una edición de audio Zondervan. Visite www.zondervan.fm.

Las solicitudes de información deben dirigirse a:

Zondervan, Grand Rapids, Michigan 49530

Biblioteca del congreso de datos de catalogación en publicación

Blanchard,   Ken,   1939-
El Mulligan: una parábola de las segundas oportunidades / Ken Blanchard, Wally Armstrong, Kevin G. Harney.
P.   cm.
ISBN 978-0-310-32814-8 (tapa dura, encuadernado) 1. El golf-Aspectos psicológicos. 2. Jugadores de golf - Conducta de la vida. 3. Jugadores de golf - La vida religiosa. I. Armstrong, Wally. II. Harney, Kevin G., 1962- III. Título
GV979.P75B53   2010
796.352—dc22   2010005800

Diseño   de   portada: Rob   Monacelli
Fotografía   de   la   portada: fotografía   Terzes
Diseño de interiores: Matthew Van Zomeren

Impreso en los Estados Unidos de América
101112131415/DCI/201918171615141312111098765432□

Este libro está dedicado a Harvey Penick, Davis Love Jr.,
y todos los viejos profesionales que nos enseñan sobre el golf y la vida.

Contenido

mulligan (*n*) - En el juego amistoso, es el permiso concedido a un jugador de golf por los otros jugadores para volver a tomar un tiro fallado, especialmente en el primer tiro del juego. El generoso perdón del golf, el Mulligan se originó en los Estados Unidos en el Winged Foot Golf Club y fue creado por David B. Mulligan. Esta segunda oportunidad de tiro no está permitida por las reglas oficiales del golf.

Capítulo 1

El ejecutivo

"Tarde como siempre", Paul McAllister se refunfuñó a sí mismo mientras corría hacia el Biltmore Forest Country Club en Asheville, Carolina del Norte. Había volado el dia anterior desde Atlanta, y llegar tarde para la hora de su tee de salida para el torneo Pro-Am era lo último que quería. Jugar en este torneo era algo que había querido hacer durante mucho tiempo. Él estaba especialmente entusiasmado con ello después del emparejamiento del Pro-Am de la noche anterior, cuando su cuarteto había escogido en el sorteo a Davis Love III. Año tras año, Love fue uno de los más grandes jugadores en el Tour de golf de la PGA. Su difunto padre, Davis Love Jr., Había sido venerado como uno de los mejores maestros del juego en cualquier lugar.

¡Qué oportunidad!, pensó McAllister. *Tal vez Love puede ayudarme con mi golf.*

La actitud de Paul hacia el golf era la misma actitud que tenía hacia todo: él quería ser el mejor. A los cuarenta y cinco, Paul veía la vida como un juego de logro tras logro. Él había ido a una de las mejores escuelas, trabajando duro para asegurarse de obtener los puestos más altos de su clase. Se convirtió en presidente o capitán de todo a lo que se unía. Para él, todo era para salir adelante. Entrar en una buena escuela de post grado. Conseguir un trabajo con la mejor compañía posible. Ir un paso por delante de cualquiera. Paul McAllister era determinado - y era muy exitoso.

El único fracaso que Paul tuvo fue su matrimonio. Inmediatamente después de que obtuvo su posgrado se casó con Rebecca, su novia de la universidad, una de las chicas más populares en el campus.

Todos la querían, pero él ganó la competencia. En secreto disfrutaba el hecho de que si hubiera titubeado sus líneas en la ceremonia de la boda, al menos tres de los hombres en la boda habrían dado un paso adelante para tomar su lugar. Una vez que la ceremonia había terminado, Paul pensó que el matrimonio ya estaba hecho. Ahora podría volver a trabajar.

Después de cinco años de tratar de encontrar la manera de ser parte de la vida de Paul, incluyendo el tener un hijo, Rebecca pidió el divorcio. Ella intentó todo - incluso sugiriendo terapia de parejas - pero Paul nunca tuvo tiempo. No era importante para él. Estaba demasiado ocupado siendo un emprendedor y creando su negocio. Después de trabajar para una gran empresa durante dos años había decidido abrir su propia compañía. Él trabajó más duro que nunca. Pero hubo consecuencias. Tal como Paul había predicho, el trabajo del matrimonio ya estaba hecho. Su esposa y su hijo estaban fuera de su vida. Y aunque hubo algo de dolor inicial y arrepentimiento, Paul lo tomó como una oportunidad para mejorar su carrera.

Libre para centrarse en el negocio que comenzó tres años antes, Paul lo hizo crecer a una operación multimillonaria. Cuando Paul miraba su vida, pensaba que el verdadero éxito tenía que ver con la cantidad de riqueza que había acumulado, la cantidad de reconocimiento que había recibido por sus esfuerzos, y el poder y el estatus que había logrado. Pero después de quince años de experimentar los éxitos momentáneos de hacer un buen trato tras otro, Paul sentía que faltaba algo. No era suficiente.

A pesar de que la gente que creció con Paul - como los compañeros de clase que vio en su vigésima quinta reunión de secundaria - lo veía como alguien exitoso, no se sentía consolado. No importaba lo que lograba, nunca era suficiente. El trabajo nunca estaba terminado. En lugar de reducir la velocidad para averiguar por qué, Paul siempre estaba buscando la próxima montaña para escalar. Y para Paul, esa próxima montaña era el golf.

El golf se convirtió en la segunda pasión en la vida de Paul. El golf era la conexión que había compartido con su padre que era un alcohólico estable. Los recuerdos más felices de Paul, eran de caminar el campo de golf público cerca de su casa en las tardes de fines del verano con su padre, quien salía del trabajo temprano para enseñarle el juego. Cuando Paul tenía doce años, su padre murió en un accidente automovilístico - terminando con ese brillante período. Desde ese día en adelante Paul se sintió abandonado y solo. Su vida fue una misión sin fin para llenar el vacío.

Capítulo 2

Un trauma

Paul llegó corriendo al estacionamiento de la casa club y frunció el ceño cuando detuvo el auto - no había nadie esperando para recibir su bolsa. Cuando un chico finalmente apareció, Paul fue breve con él. Dando al chico su bolsa, Paul corrió a la mesa de registro, sin darle una propina. Después de registrarse, se dio cuenta de que tenía sólo treinta minutos para la hora de su tee de salida. *No hay mucho tiempo para calentar,* pensó Paul. Él se dirigió rápidamente al campo de prácticas para golpear la mayor cantidad posible de bolas antes de tener que ir al primer tee.

Esperándolo en el tee de salida habían otros tres amateurs, que Paul había conocido en el emparejamiento la noche anterior. Pero después de enterarse de lo que hacían para ganarse la vida y de las personas que ellos no conocían, los ignoró por no ser lo suficientemente importantes como para llegar a conocerlos. Como resultado, estrechó sus manos rapidamente. Su principal preocupación era el paradero de su miembro profesional, Davis Love III.

Al momento en que el iniciador preguntó si el grupo de las 11:30 estaba listo para empezar, Love caminó entre la multitud y hacia el tee. Tenía una cálida sonrisa en su rostro mientras se presentaba a cada uno de sus compañeros amateurs de juego.

Mientras Paul le daba la mano a Davis, él se preguntaba cómo podía hacer que Love se diera cuenta de que *él* era el miembro más importante del grupo. Paul había tomado una serie de lecciones durante las últimas tres semanas en preparación para este torneo. Tal vez su golf allanaría el camino para una relación con Love.

Intentando ser amable, Paul animó a sus tres compañeros de juego para que golpeen primero después de que Love enviara un tiro imponente desde el tee de atrás sobre el centro del fairway más de trescientos metros de distancia. Mientras Paul miraba a sus compañeros de juego golpear sus drives, una pequeña sonrisa apareció en su rostro. Se dio cuenta de que estos tipos eran verdaderamente amateurs - jugadores con un handicap de veinte en el mejor de los casos. Y allí estaba, un jugador con un handicap de doce que pronto sería un jugador de un solo dígito.

Cuando llegó el turno para que Paul golpee, caminó con confianza al tee de salida, posicionó su bola, y dio un paso hacia atrás para mirar el fairway hacia el hoyo. Su caddie interrumpió, "El mejor lugar para golpear su drive en este agujero es la parte central derecha del fairway. Abre el hoyo desde allí, especialmente teniendo en cuenta donde han puesto el banderín hoy". El consejo del caddie rompió la concentración de Paul. *Espero que no vaya a hablarme al oído todo el día*, pensó Paul. *Sé cómo jugar este juego.*

Con eso, se acercó a la pelota, giró demasiado duro, y golpeó un hook que se fue a otro lado. No sólo no terminó del lado derecho del fairway, sino que también aterrizó en un rough denso a la izquierda. Miró rápidamente alrededor de la tribuna para ver si había alguien tomando fotos para echarle la culpa. Él había visto a los mejores profesionales hacer esto muchas veces en la televisión. Pero cuando miró en la dirección de Davis, el profesional no estaba prestando atención. No parecía importarle a donde había ido el tiro de Paul.

El hook de Paul para salir del primer tee fue una señal de lo que vendría. fue de mal en peor. Mientras que sus compañeros de juego con handicaps más altos hicieron un tiro corto para salir del tee, los tiros fueron rectos y se mantuvieron haciendo boggie en todos los hoyos. Paul, en cambio, golpeó sus tiros de salida largos pero iban por todos lados. terminó contribuyendo varios doble boggies. No terminó más de la mitad de los hoyos. Paul hizo todo lo posible para arreglar su swing, pero nada parecía funcionar. Cuando llegaron al noveno hoyo, Paul realmente se estaba volviendo loco: no estaba desarrollando una relación con Love y no se estaba divirtiendo.

El pensamiento negativo de Paul comenzó a tomar el control, como de costumbre.

Idiota, pensó. *¡Esto es vergonzoso! ¿Cómo puedes jugar así? Esas lecciones ciertamente no ayudaron.*

Cuando le tocó el turno para salir del tee, Paul calmó su mente por primera vez durante la ronda y, él golpeó un tiro perfecto que trajo una sonrisa a su cara. *Ahora voy a hacerlo bien*, pensó. Siguió su drive con un hermoso hierro cuatro que rebotó en el centro del green y se detuvo a cuatro pies del hoyo. Incluso la multitud se reunió alrededor del green esperando para ver a Davis Love aplaudir a Paul mientras se acercaba.

Después de que Davis y sus compañeros metieron la bola en el hoyo, era el turno de Paul. El corazón de Paul estaba corriendo. Debido a que este era el hoyo hándicap número dos en la tarjeta, tenía un golpe. Si llegaba a hacer este putt para lograr un birdie, significaría un eagle para su equipo. Davis Love sabía eso y ayudó a Paul a descifrar el putt. Pero cuando golpeó la bola quedó tres pulgadas cortas del hoyo - el temido "nunca sube, nunca entra."

Paul rechinó sus dientes y sintió que su rostro se calentaba con la ira. Al empujar la bola al hoyo para el par, se volvió loco. Tomó su putter y sin siquiera pensarlo, lo rompió con su rodilla. Todo el mundo a su alrededor - incluyendo los caddies - lentamente se alejaron en silencio, dejándolo solo en el green.

Paul no sabía si llorar o gritar. De repente se dio cuenta que ahora tendría que jugar el resto de la ronda con un hierro dos o una madera. Lo que él había esperado que fuera un día maravilloso se había convertido en una pesadilla.

Cuando Paul finalmente se dirigió al décimo tee, Davis Love lo estaba esperando.

"Paul", dijo con una voz cariñosa, "no hemos hablado mucho durante los primeros nueve hoyos, pero yo lo he estado observando. Y para ser honesto, usted no es lo suficientemente bueno como para enojarse tanto. Lo que acaba de hacer en el green nueve puede decir mucho acerca de dónde se encuentra con su vida como en su juego. Piense en ello". Con eso, Love se dirigió al lugar de salida para golpear su tiro.

Los comentarios de Love lo dejaron perplejo a Paul. Estaba profundamente avergonzado - probablemente por primera vez en su vida (al menos que él lo admitiera). Se preguntó si debería dejar de jugar e ir a su auto. Pero las declaraciones de Love le habían atrapado. Hicieron que quiera quedarse.

Caminando desde el décimo tee, Paul esperó a Love para que lo alcance. Love hizo su tiro desde el tee de atrás, casi setenta y cinco yardas más allá de donde los novatos tiran. Mientras Love se acercaba, Paul tenía un nudo en la garganta que casi no lo dejaba hablar.

"Lo que me dijo:" Paul finalmente articuló, "me golpeó como una tonelada de ladrillos. Me disculpo. He sido un verdadero imbécil".

Capítulo 3

El mentor

Mientras Paul lo seguía por el fairway, Love dijo, "Está bien, Paul. He jugado en muchos torneos Pro-Ams. Es difícil ver lo que la gente se hace a si misma en el campo de golf.

Yo me gano la vida jugando al golf y usted se gana la vida haciendo otra cosa, pero lo que hacemos en el campo de golf a menudo refleja la forma en que vivimos nuestras vidas. Mi padre siempre me enseñó que la vida y el golf tienen mucho en común. De hecho, mi padre solía decir que el golf deletrea Game Of Life First (El juego de la vida primero).

Paul se rió por primera vez durante la ronda. "Siempre he oído que este juego fue llamado golf porque las otras palabras de cuatro letras ya se habían tomado. Pero ahora que lo pienso, me gusta más su acrónimo que mi broma".

"A mí también," dijo Davis con una sonrisa. "Simi padre siguiera vivo, le sugeriría que fuera a verlo. No sólo era un gran maestro del juego de golf, sino que era un gran maestro del juego de la vida. Pero hay un viejo amigo suyo que creo que realmente podría ayudarle. Todos los que lo conocen lo llaman el viejo profesional. Su nombre es Willie Dunn.

Love continuó "El viejo profesionalfue nombrado así en honor a su abuelo, el viejo Willie Dunn, un famoso escocés diseñador de campos de golf y profesor a mediados de 1800. Su padre, John Duncan Dunn, fue un profesional del golf y llegó a Estados Unidos en 1898 para enseñar y diseñar campos de golf en Florida y California. Así que con un antecedente familiar como ese, Willie ganó su parte de los trofeos hasta que su carrera como jugador competitivo terminó trágicamente por una herida en el hombro durante la Segunda Guerra Mundial. Después de la guerra, se estableció en Asheville, Carolina del Norte, y ha estado enseñando golf aquí por más de sesenta años.

"Creo que lo encontrarás en la entrada del clubhouse al final de la ronda", continuó Davis. "Le encanta sentarse allí y ver como los golfistas vienen y van - ver la vida pasar. Willie ya casi tiene noventa años, pero es tan filoso como un cuchillo y uno de los hombres más sabios que conozco. Recomiendo que pase algún tiempo con él. Dígale que lo envié".

Después de hablar con Davis, Paul se sorprendió de lo relajado que se sentía en los últimos nueve hoyos. Y ¿adivinen qué? Jugó mejor desde el tee al green e hizo algunos tiros increíbles, a pesar de que fue vergonzoso hacer su putt con su madera tres en toda la segunda vuelta. A pesar de que las palabras de Davis habían sido difíciles de escuchar, Paul se dio cuenta de que tenía razón. Allí estaba él, rechinando los dientes sobre un juego al que no le dedicaba mucho tiempo para perfeccionar . Sin embargo, ¡ esperaba un rendimiento excepcional en cada tiro! También pensó acerca de la relación entre el golf y la vida y se dio cuenta que se estaba sintiendo triste por ambos en ese momento.

Tal vez necesito un mulligan, pensó Paul.

La idea le sorprendió. Paul siempre había sido muy estricto para hacer cumplir las normas, por lo que realmente, nunca le había gustado la práctica común de conceder a los jugadores otra oportunidad en el primer tee, sin penalización, si su driver inicial no era de su agrado. A pesar del hecho de que Paul había estado en situaciones en las que podría haber ofrecido un Mulligan a un compañero de juego o podría haber aceptado uno, no hizo ninguno de los dos. Su orgullo no le permitía aceptar caridad ni darla. Sin embargo, hoy había realmente echado a perder la oportunidad de su vida. Le hubiera gustado jugar los primeros nueve hoyos de nuevo sin ninguna consecuencia.

Habría sido una experiencia totalmente diferente. Sonrió mientras visualizaba un mulligan en los primeros nueve. *Ese sería el mulligan supremo*, pensó.

Paul se rió, recordando su primera visita a Escocia, donde se enteró que golpear un mulligan requiere la buena voluntad de aquellos con los que está jugando.

El primer campo de Escocia donde jugó fue en Turnberry, donde se había celebrado el Abierto Británico en varias ocasiones. Cuando el compañero de juego de Paul golpeó su driver inicial hacia el rough, se volteó hacia el líder y le preguntó: "¿Podría tener un mulligan?" Sin cambiar su expresión el líder dijo: "Si usted toma un mulligan en Escocia, está haciendo tres golpes."

Los pensamientos de Paul regresaron a la ronda final de la jornada del Pro-Am. Cuando todo terminó, Paul le dio la mano a los miembros de su equipo y caminó tranquilamente hacia Davis.

Señalando a la entrada, Davis dijo, "El viejo profesional está allá. No hay forma de que no lo vea. Está sentado en la mecedora del extremo izquierdo".

"Gracias por su ayuda y consejo", dijo Paul.

"Buena suerte. Tengo el presentimiento de que el viejo profesional le ayudará con algo más que su juego de golf".

Capítulo 4

Una nueva oportunidad en la vida

Después de que su caddie limpió sus palos de golf y los envió a la zona de estacionamiento para ser colocados en su carro, Paul se dirigió hacia la casa club. Mientras se acercaba, vio al viejo profesional sentado en la mecedora. Llevaba pantalones y calcetines de rombos. Las arrugas en la parte posterior de su cuello eran profundas y se entrecruzaban, como un mapa de rutas que se ha doblado una y otra vez. La cálida sonrisa en el rostro del homnre atrapó a Paul y devolviendo la sonrisadijo: "Davis Love dijo que debía hablar con usted."

El viejo profesional sonrió. "Siéntate, hijo", dijo.

Tomando asiento, Paul preguntó: "¿Cómo debo llamarlo, señor?"

"Sólo llámame Will", dijo el anciano.

"Está bien, Will, suena bien", dijo Paul.

"¿Qué hiciste allá, hijo, para que Davis te enviara?"

"Bueno, señor, creo que estaba tomando el juego demasiado en serio, como siempre lo hago. Estaba tratando de impresionar a Love y a mis compañeros de equipo con mi habilidad, pero golpeé un tiro feo para salir del primer tee. Luego las cosas fueron de mal en peor. Finalmente, en el noveno hoyo, golpeé un gran tiro y otro segundo hermoso a un metro del hoyo. ¡Tuve la oportunidad de conseguir un eagle para mi equipo y ni siquiera pude poner el putt en el hoyo!"

"Recuerda lo que dijo Yogi Berra," dijo el viejo profesional. "'El noventa por ciento de los putts que son cortos no entran.' En serio, mucha gente deja cortos los putts importantes. Así que no metiste la bola. ¿Eso es todo?" Preguntó el viejo profesional con una mirada de complicidad en sus ojos.

Paul respiró hondo y continuó: "No. Lo que hice a continuación estuvo fuera de lugar. Me volví loco y rompí mi putter con la rodilla. En el siguiente hoyo Davis habló conmigo en privado acerca de mi estallido emocional en el noveno green. Me dijo que yo no era lo suficientemente bueno como para molestarme de esa manera y que mi comportamiento podría tener mucho que decir sobre mi vida como lo hizo sobre mi juego".

El viejo profesional le dio a Paul una sonrisa solidaria.

"Lo que Davis me dijo me llegó hasta la médula. ¿Tienes tiempo para hablar?", preguntó Paul.

El viejo profesional respondió lentamente y de manera cariñosa, "Todo el tiempo del mundo, hijo."

"Davis dijo que usted podría ayudarme a enderezar mi vida como también mi juego de golf."

"Eso es mucho que pedir," dijo el viejo profesional. "Pero el golf y la vida tienen mucho en común. Golf tiene una manera de mostrar lo que está pasando dentro de alguien. Como Davis probablemente te dijo, su padre y yo estuvimos de acuerdo que para dominar el juego de golf uno tiene que dominar **el juego de la vida primero**".

"El mencionó eso", dijo Paul. "¿Me podría decir más?"

"Claro", dijo el viejo profesional con una sonrisa. "En la vida, como en el golf:

- obtienes buenas oportunidades que te mereces.
- obtienes buenas oportunidades que no te mereces.
- obtienes mala suerte que te mereces.
- obtienes mala suerte que no te mereces.
- A veces tienes un rendimiento o estás jugando mejor de lo que deberías y tienes que lidiar con el éxito.
- A veces tienes un rendimiento o estás jugando peor de lo que deberías y tienes que lidiar con el fracaso.

"En el golf todo esto se lleva a cabo en cuatro horas y media con la pequeña bola que te mira, y nadie más para golpearla sino uno mismo. En la vida ocurre a cada momento de cada día".

"Interesante", dijo Paul. "Nunca lo pensé de esa manera."

El viejo profesional sonrió. "Mi apellido es Dunn, así que me gusta pensar que quizás al final de mi vida escucharé, '¡Bien hecho, Will Dunn!'"

Sin entender la esencia del humor del viejo profesional, Paul respondió: "Así que ¿puede ayudar a enseñarme el juego de la vida?"

"Hijo, *la vida es todo acerca de las relaciones.* Tenemos que llegar a conocernos unos a otros. Eso significa que tenemos que pasar algún tiempo juntos. ¿Cuándo vas a volver?"

"Tan pronto como sea posible", dijo Paul. "De hecho, tal vez podría quedarme hasta mañana. ¿Cuál es su horario?" Paul no podía creer que hubiera dicho eso. Las relaciones no eran lo suyo. Pero la vergüenza que sentía por romper su putter frente a Davis Love III había sido un evento emocional significativo - lo que algunos podrían llamar "big bang." Paul pensó que tal vez acercarse al viejo profesional le daría la oportunidad de redimirse con Love.

El viejo profesional dijo: "A mi edad, hijo, ya no me gusta levantarme al amanecer. ¿Por qué no nos encontramos en el Muni mañana a las diez de la mañana".

"¿Cuál es el Muni?", preguntó Paul.

"Es el campo municipal en el otro lado de Asheville. No es tan elegante como este lugar, pero servirá. Es donde aprendí el juego del golf y el juego de la vida".

Dándole la mano al viejo profesional, Paul dijo: "Gracias. Nos vemos mañana a las diez".

Capítulo 5

Reflexión

Paul tuvo una cena reflexiva en soledad esa noche. Realmente le había molestado cuando el viejo profesional dijo: "La vida es todo acerca de las relaciones." En el fondo, algo estaba despertando en Paul que había estado enterrado hace mucho tiempo. Pero antes de que pudiera recordar lo que era, su lado escéptico salió a la luz.

¿Ese hombre habla en serio? ¿Realmente puedo confiar en él? pensó Paul.

Ciertamente, nunca podía contar con su padre. Nunca supo que padre le iba a tocar. ¿Sería con el que le gustaba jugar al golf - o el borracho abusivo que criticaba todo lo que hacía? Paul siempre estaba buscando esa pequeña pizca de alabanza. Pero nunca llegó. Su padre murió cuando Paul más lo necesitaba.

Más tarde, en su adolescencia, Paul se sintió atraído por el entrenador de baloncesto de su escuela. El entrenador se hizo amigo de él e incluso le enseñó a jugar al golf de nuevo. Paul lo idolatraba, pero luego él abandonó a Paul. El entrenador dejó la ciudad con una profesora de pelo rubio con la que había estado teniendo un romance en secreto. No hizo ningún intento de despedirse.

Después de eso, Paul decidió que no podía confiar en nadie más que el mismo. Era mejor andar solo en por vida. Su deseo de ser un súper triunfador le resonó fuertemente. Se convirtió en un "hacer humano", no un ser humano, buscando su significado en su desempeño. Las relaciones eran ahora secundarias - incluso, con el tiempo, su relación con su hijo, Jake. Paul tenía miedo: tenía miedo de ser herido de nuevo al invertir demasiado en sus relaciones, miedo de que si bajaba la guardia la gente vería cosas en él que incluso él no quería admitir. Eso lo hizo vulnerable.

Pero el viejo profesional parecía diferente de alguna manera. Tal vez la vida de Paul realmente no estaba funcionando tan bien como debería, y su golf podría usar un poco de ayuda.

Paul se detuvo en la tienda de regalos del hotel después de la cena y tomó un diario. *Tal vez esto me ayudará a hacer un seguimiento de las ideas que están ametrallando mi mente*, pensó. Por años la gente le había dicho que escribir en un diario era un buen proceso, pero él nunca quiso hacerlo. Si él - un hombre con personalidad de tipo A- iba a escribir un diario, quería hacerlo mejor que nadie. Él conocía personas que escribían en su diario en cuatro colores. Otros escribían poesía en sus diarios. ¿Cómo iba a empezar a competir con eso?

Paul había leído recientemente un artículo acerca de escribir en un diario que sugería un formato simple y no competitivo. La idea era que al final del día o temprano a la mañana siguiente, escribiera la fecha en la parte superior de una página del diario y comenzara con una sección alabándose a sí mismo por cosas que hubiera hecho bien ese día. *Voy a llamar a esta sección "Tiros sólidos"*, pensó. Estas eran las cosas que le hacían sentir bien consigo mismo porque eran consistentes con lo que había esperado lograr o quién quería ser en el mundo. Paul no estaba muy seguro de qué hacer con estoúltimo. Quién quería ser él en el mundo estaba más allá de su pensamiento en este momento. Su única preocupación era ser el mejor.

El artículo también sugería que después de alabarse a sí mismo, creara una sección en su diario titulado "redirección". Debajo irían las cosas que desde ese día le gustaría poder hacer nuevamente - cuando no le gustó el resultado o la respuesta que obtuvo de los demás. *Creo que voy a llamar a esta sección "Mulligans"*, pensó Paul. *Después de todo, Davis Love y el viejo profesional me están diciendo que la vida y el golf tienen mucho en común.*

Más tarde esa noche mientras se acomodaba en la cama, Paul cogió su diario y escribió la fecha. Luego empezó:

• • •

No tengo ni idea de cómo funciona esta cosa del diario a excepción del artículo que leí recientemente. Pero estoy dispuesto a dar lo mejor de mí. Bajo "Tiros sólidos" voy a escribir lo que hice bien ese día. En "Mulligans" voy a tratar de ser honesto acerca de donde podría hacer algunos ajustes y mejoras.

Luego él escribió:

Tiros sólidos

Me sorprendí a mí mismo por estar abierto a los comentarios sinceros de Davis sobre el estado de mi juego y mi vida. Me doy cuenta que no estoy contento con ninguno y que podría necesitar un poco de ayuda.

Tomé la iniciativa de reunirme con Willie Dunn e incluso cambié mis planes y mi vuelo para quedarme un día más en Asheville. ¡Espero que valga la pena!

Mientras pensaba en la sección "Mulligans", Paul se rió. Pensó en lo mucho que le hubiera encantado volver a jugar los primeros nueve. *Tal vez sea cierto que no hay accidentes en la vida*, pensó. *Si no hubiera sido tan idiota durante los primeros nueve, no tendría la oportunidad de pasar el día de mañana con Will Dunn. Tal vez hay razones para las cosas que están más allá de mi control.* sonrió mientras escribía:

Mulligans

Necesito otra oportunidad para darle una propina al muchacho de las bolsas y no ser grosero con él. También me equivoqué cuando ignoré a mis compañeros de juego y mi caddie por tratar de impresionar a Davis Love III.

Si eso no es suficiente, mi golf es pésimo. Si pudiera tomar un gran mulligan, ¿por qué no tomar uno para todos los primeros nueve hoyos? Ahora ese sería el mulligan supremo. ¿Qué podría ser mejor que eso?

Eso es todo por hoy. Probablemente debería guardar este diario en algún lugar seguro. No quiero que nadie lo lea.

Esta manera de pensar era nueva para Paul. Se sentía extraño. Aún así, esperó con ansias desarrollar una relación con el viejo profesional.

Mientras se quedaba dormido, Paul pensó que el día no había salido como esperaba, pero sentía que era el comienzo de algo importante.

Capítulo 6

Fuente de autoestima

La mañana siguiente la recepcionista del hotel le dio a Paul direcciones para llegar al campo de golf Muni. Él se dirigió allí a las 8:30; quería golpear algunas bolas como para estar listo para empezar cuando se encontrara con el viejo profesional a las diez. Nunca había oído hablar de un campo municipal llamado Muni, pero esto sumaba a la mística del viejo profesional.

Paul bajo la velocidad mientras se acercaba al campo del golf. En zona de práctica se dio cuenta que los jugadoras estaban usando una variedad de atuendos, incluyendo jeans y shorts que no hubieran aprobado el codigo de vestimenta de su club privado en Atlanta. A pesar de que tenía una sensación de campo de golf público, el Muni era diferente a la mayoría de los campos de golf municipales. Parecía ser una operación bien administrada y bien cuidada.

El clubhouse era un edificio viejo de piedra, nada elegante. Pero mientras conducía hacia el estacionamiento, lo que realmente llamó su atención fue la señal que decía que el campo de golf había sido diseñado por Donald Ross. Paul sabía lo suficiente sobre la historia del golf como para saber que Ross fue uno de los más grandes arquitectos de golf de todos los tiempos. había diseñado cientos de campos de golf, incluyendo el famoso Pinehurst No. 2, Oakland Hills, y Oak Hill. Los campos de golf hechos por él habían sido los anfitriones de muchos campeonatos nacionales a través de los años. De hecho, el famoso Biltmore Forest Golf Club, donde se jugó el Pro-Am el día anterior era una de las obras maestras de Ross. ¿Pero un campo municipal en Asheville, Carolina del Norte? Eso le pareció un poco extraño a Paul.

Después de estacionar su auto y sacar sus palos de golf, Paul compró dos grandes baldes de bolas y se dirigió al campo. Tenía una hora antes de tener que reunirse con el viejo profesional, así que pensó que tenía bastante tiempo para utilizar ambos baldes. era conocido por golpear las bolas en rápida sucesión hasta que sus manos dolieran. Esta mañana no habría sido una excepción si no hubiera visto al viejo profesional sentado en una mecedora en la entrada, justo cuando estaba a punto de comprar más bolas para golpear.

Me pregunto si él viaja con esa mecedora, pensó Paul mientras se dirigía hacia la casa club.

Cuando el viejo profesional vio a Paul, sonrió y dijo: "Deja esos palos - todavía no los vamos a utilizar. Ven aquí y siéntate, hijo".

"Pensé que íbamos a trabajar en mi juego de golf y mi vida", dijo Paul.

"Así es", sonrió el viejo profesional. "Pero verás que no siempre tienes que golpear las bolas para aprender sobre el golf."

Mientras Paul se sentaba, el viejo profesional volteó hacia él y dijo: "Déjame ir directo al punto, hijo. ¿Por qué juegas golf?"

"Esa es una buena pregunta", dijo Paul. "Supongo que juego para divertirme. Por cierto, me puedes llamar Paul".

"Está bien, Paul. ¿Te divertiste ayer?"

"Ahora que lo pienso, no lo hice", dijo Paul.

"¿Por qué no?", preguntó el viejo profesional.

"Estaba jugando mal y cuando no me va bien, no me divierto".

"¿Te das cuenta por qué hice esa pregunta? Si la diversión es una razón por la que juegas golf, entonces cada juego de golf debe ser divertido. Nunca he estado en un campo de golf o un juego de golf que no me haya gustado. Para mí lo peor que un juego de golf puede ser es fabuloso", dijo el viejo profesional con una sonrisa. "Es por eso que ahora extraño jugar."

"Pero, ¿no has tenido algunos días malos en el campo de golf?"

"Claro que los he tenido", dijo el viejo profesional, "pero nunca creí que quién fuera yo en un día determinado dependiera de mi score. Aprendí de los días malos y me reí de los días malos, pero yo nunca me sentí mal conmigo mismo por un mal día."

"Interesante", dijo Paul. "No puedo decir que ese sea mi caso."

"¿Hay alguna otra razón por la que juegas golf?"

"Creo que la camaradería y la amistad es importante", dijo Paul.

"¿Qué sabes de los otros tres tipos con los que jugaste ayer?"

"¿Qué quieres decir?"

"¿Sabes algo acerca de sus vidas, de sus familias, de sus intereses?"

"No."

"¿Por qué no?"

"Supongo que me estaba concentrando demasiado en mí mismo."

"Bien", dijo el viejo profesional. "Si las relaciones son importantes para ti, entonces tienes que acercarte a la gente, ¿no?"

Paul sonrió. "Eres muy duro, ¿no? Así que dije que quería divertirme y que quería tener una buena camaradería, pero ayer no hice ninguno de los dos. Supongo que no estoy haciendo lo que digo, ¿verdad?"

"Se están acumulando las pruebas," dijo el viejo profesional con una sonrisa. "¿Hay alguna otra razón por la que te gusta jugar golf?"

"Esto probablemente también me va a meter en problemas", dijo Paul. "Me encanta la belleza de un campo de golf. Sin campos de golf, la mayoría de nuestras ciudades serían cemento".

"Cuéntame sobre el campo de golf donde jugaste ayer. ¿Qué tipos de árboles dominaron el paisaje? ¿Qué tipos de aves viste?"

"Me atrapaste de nuevo", dijo Paul. "No me di cuenta de nada. Estaba tan concentrado en mí mismo."

"¿Qué crees que se puso en el camino de tu diversión, de experimentar buena camaradería y de disfrutar de la belleza de los alrededores?", preguntó el viejo profesional.

"Bueno", dijo Paul, "para ser honesto, estaba tan molesto por lo mal que estaba jugando frente a Davis Love y mis compañeros de equipo que estaba demasiado estresado para disfrutar de mí mismo, mis compañeros de juego o el campo de golf."

"No hay duda en mi mente", dijo el viejo profesional, "que tienes buenas intenciones sobre esos aspectos del golf, pero me temo que convertiste el golf en un juego de logro."

"¿Qué hay de malo en querer hacerlo bien y tratar de ser el mejor?"

"Antes de responder a esa pregunta, permíteme hacerte otra pregunta," dijo el viejo profesional. "¿Qué sistema de puntuación utilizas para medir el éxito en tu vida y cuando juegas golf?"

"Aquí vamos", dijo Paul. "Tengo la sensación de que esta es probablemente la razón por la que Davis sugirió que me reuniera contigo."

"De acuerdo a lo que me dijiste ayer creo que probablemente tengas razón," dijo el viejo profesional con una sonrisa. "Pero en serio, ¿de dónde vienen tus sentimientos positivos sobre ti mismo?"

"Afortunadamente o por desgracia, creo que vienen de mi desempeño y la opinión de otros", dijo Paul. "Si me desempeño bien en el trabajo o juego bien en el campo de golf y la gente me respeta y aprecia lo que hago, me siento bien conmigo mismo."

"Interesante", dijo el viejo profesional. "Déjame hacerte un par de preguntas de seguimiento: ¿tu rendimiento siempre es bueno en el trabajo y en el campo de golf?"

"Por supuesto que no", dijo Paul. "Tengo mis días buenos y mis días malos como todos los demás. Ayer fue un día muy malo."

"Entonces, si como todos los demás tienes un mal día de vez en cuando, o incluso un mal mes o trimestre, también es probable que tu autoestima también esté regularmente en riesgo." Los ojos del viejo profesional brillaron.

"Es cierto", respondió Paul. "Es difícil sentirse como un ganador cuando la tarjeta de puntuación dice algo diferente."

"¿Que tal te ha estado funcionando - el atar tus sentimientos sobre ti mismo a las opiniones de los demás", preguntó el viejo profesional. "¿Siempre puedes contar en complacer a los demás? ¿Siempre puedes confiar en su apoyo?"

"No," Paul admitió. "Aprendí temprano en la vida que no importa lo mucho que lo intentara, no podía encontrar una figura paterna - un adulto en quien podía contar para recibir aprobación y apoyo - no fue mi padre y no fue mi entrenador. Esto puede sonar gracioso, o simplemente patético, pero supongo que todavía estoy buscando. Es por eso que quería impresionar a Davis - pero mi desempeño no lo permitió".

"Teniendo en cuenta lo que has dicho, ¿no te parece que has puesto tus sentimientos de autoestima en un terreno inestable?", dijo el viejo profesional.

"Supongo que tienes razón", dijo Paul.

"Esa es una manera difícil de vivir", dijo el viejo profesional.

"¿Tienes alguna sugerencia?"

"Por supuesto", dijo el viejo profesional. "Creo que si quieres ser bueno en el golf y la vida, tienes que dejar de poner tu autoestima en juego en base a tu rendimiento o las opiniones de los demás. Tienes que afrontar a la vida y el golf considerando que tu valor y tu autoestima están seguros más allá de los altibajos, de lo bien que te podría estar yendo en el momento o la cantidad de aplausos o críticas que estás escuchando de la multitud. Veo a muchas personas que son duras consigo mismas mientras juegan al golf, y estoy seguro de que son duras consigo mismas cuando juegan la vida. La mayoría de nosotros no necesita a nadie más para que nos critique, porque nos criticamos lo suficiente por nuestra cuenta. Así que antes de ayudar a alguien, quiero estar seguro que sabe que su juego de golf no es su puntaje, y su vida no es su desempeño más la opinión de los demás."

"Creo que se a que te refieres", Paul respondió. "¿Estás sugiriendo que si mi intención principal para jugar golf es ganar o para impresionar a los demás, hará que sea imposible que tenga éxito en disfrutar de otros aspectos del juego. Pero si me concentro en divertirme, conocer a mis compañeros de juego, y disfrutar de la belleza del entorno, probablemente voy a relajarme y jugar mejor al golf".

"Así es," dijo el viejo profesional con una sonrisa.

"Gracias", dijo Paul devolviéndole la sonrisa. "Estás sugiriendo que mi actual sistema de puntuación pone mi sentido de autoestima en juego en cada tiro. También estás diciendo que me estoy olvidando de la razón que dije tener para jugar el juego en el primer lugar".

"¿No tengo la evidencia sentada junto a mí?", dijo el viejo profesional, riendo.

"Me temo que sí", dijo Paul. "¿Hay alguna manera de salir de esto?"

"Hay dos maneras", dijo el viejo profesional. "La primera es jugar golf sólo para divertirse, disfrutar de la gente con la que estás jugando y apreciar la belleza que te rodea. Así es como hice que mi esposa se interesara en el golf".

"Si hubiera intentado eso", dijo Paul con una sonrisa irónica, "mi matrimonio probablemente habría terminado antes."

"No, si le hubieras enseñado a tu esposa que sólo hay tres reglas para jugar golf", dijo el viejo profesional. "La primera es no hacer daño a nadie con tu palo o tu bola. La segunda es no hacer esperar a nadie—"

"¡Eso realmente me vuelve loco!" Paul soltó.

"Estoy de acuerdo", dijo el viejo profesional. "Es por eso que una de las primeras cosas que enseñé a mi esposa fue a agacharse, recoger su bola, ponerla en su bolsillo y pasar al siguiente hoyo. No tiene ningún sentido ver a alguien agitado durante un putt de tres pies para un ocho o nueve".

"Estoy de acuerdo", dijo Paul. "¿Cuál es la tercera regla?"

"No arruines el ambiente", dijo el viejo profesional. "Arregla tus divots. No conduzcas un carrito de golf cerca de un green ni arrastres un carro sobre el green".

"Me gustan esas reglas", dijo Paul.

"Son las mejores", dijo el viejo profesional, "porque mientras las cumplas, puedes hacer lo que quieras. Si quieres patear la bola, entonces patéala. Si quieres tirar la bola, entonces tírala. Tú alquilaste el hoyo. Eso sí, no hagas daño a nadie, hagas esperar a la gente, o arruines el ambiente."

"Es loco", dijo Paul. " no me veo jugando así."

"Yo jugué de esa manera muchas veces cuando era joven", dijo el viejo profesional. "Nunca me voy a olvidar de jugar con tres presidentes corporativos del noreste. Ellos vinieron a Florida para una conferencia a principios de la primavera cuando todavía hacía frío en el norte. Me preguntaron si me gustaría jugar con ellos. Yo dije que sí, pero al darme cuenta de que ninguno de ellos había jugado golf desde finales de Octubre, les sugerí que jugáramos un juego especial. A todos se les permitía un tiro con la mano por hoyo".

"¡Un tiro con la mano por hoyo!" gritó Paul.

"Así es exactamente como reaccionaron", dijo el viejo profesional. "Cuando insistí, tuvieron problemas con hacerlo en los primeros hoyos. Pero luego realmente les gustó. Se divirtieron más decidiendo si iban a utilizar su tiro en el green, para salir de una trampa de arena o de entre los árboles. Al final de la ronda, dijeron que nunca se habían divertido tanto."

"Wow", dijo Paul. "¿Cuál es la segunda manera de asegurarse de que tu autoestima no está en juego todo el tiempo?"

"La segunda manera es descubrir y aceptar el hecho de que tu autoestima ya está segura. No depende de lo bien que te va o lo que la gente piensa de ti", respondió el viejo profesional.

"Cuéntame más", dijo Paul.

"Déjame hacerte una pregunta personal, Paul. ¿Crees en Dios?"

"Espero que no vayas a hablarme de religión", dijo Paul. "No soy nada religioso."

"Relájate", dijo el viejo profesional. "No estoy hablando de religión. Estoy hablando de Dios. Déjame repetir mi pregunta. ¿Crees en Dios?"

"No he pensado mucho en ello, pero creo que sí."

"Eso espero", dijo el viejo profesional. "En mi opinión, no creer en Dios tiene tanto sentido como decir que el diccionario completo es el resultado de una explosión en una imprenta."

"Bien", dijo Paul. "Pero yo no veo cómo lo que creo o no creo acerca de Dios tenga alguna relevancia con mi juego de golf o mi autoestima."

"Esto puede ser un nuevo pensamiento para ti, Paul, pero déjame decirte lo que he llegado a creer en los últimos cincuenta años". El viejo profesional volteó a mirarlo. "Mira, el Dios que yo adoro es un Dios amoroso. No creo que él haya hecho alguna chatarra, lo que significa que creo que me ama incondicionalmente y te ama. Como resultado, no puedo desempeñarme lo suficientemente bien, jugar lo suficientemente bien, o hacer algo lo suficientemente bien como para cambiar el amor y el valor que Dios ya ha puesto en mi vida - tengo todo el amor que necesito. Mi valor en los ojos de Dios nunca está en juego.

"Ahora, eso no significa que yo no cometo errores, o que no tengo áreas en las que necesito mejorar. Pero mi autoestima es sólida como una roca en el amor de Dios. Presto atención a lo que hago y trato de corregir mis errores todos los días y cambiar mi comportamiento, pero no me golpeo a mí mismo. Sé que soy perdonado y aceptado."

Paul cambió de posición incómodamente. "Con el debido respeto, suena muy bien si eso funciona contigo, pero no estoy dispuesto a aceptar lo que estás diciendo sin pensarlo mucho."

"Tómate tu tiempo", dijo el viejo profesional. "Dios no está apurado y yo tampoco. Sólo recuerda que Él sólo está a una conversación de distancia."

"No por cambiar de tema muy rápido", dijo Paul, pausando, "pero ¿cuándo voy a tener mi primera *clase de golf*?"

"¡La acabas de tener!" dijo el viejo profesional, con sus ojos brillando de nuevo. "Piensa en lo que hemos hablado y llámame la próxima vez que estés por aquí para que podamos reunirnos de nuevo."

Cuando Paul vio al viejo profesional ponerse de pie y extender su mano, se dio cuenta de que la lección había terminado.

Mientras Paul conducía desde el Muni, su mente estaba funcionando sin parar. Cuanto más pensaba en el breve intercambio que había tenido con el viejo profesional, más se daba cuenta que había tenido una gran lección - una que era difícil oír para un tipo motivado por el logro como él. Pero fue una lección que él necesitaba oír.

En el vuelo de regreso a Atlanta Paul pensó: *Es bueno que no estoy pensando en renunciar a mi trabajo diurno por el golf. Si yo estuviera tratando de ganarme la vida como un profesional de golf, mi rendimiento probablemente sería importante.*

Por otra parte, el viejo profesional le había dicho que si se evalúa a sí mismo todos los días por su rendimiento, incluso si fuera un profesional de golf, probablemente nunca se convertiría en un gran jugador. "Tiene que tener una autoestima sólida para soportar los altibajos del juego", había dicho.

Paul se dio cuenta de que incluso Ben Hogan, Arnold Palmer, Jack Nicklaus y todos los grandes del juego habían tenido algunos momentos difíciles y decepciones. De hecho, Paul recordó haber leído cómo Hogan luchó contra su hook alocado por años, pero se quedó con él hasta que finalmente pudo poner su juego en perspectiva.

En su vuelo de regreso a Atlanta más tarde esa tarde, Paul miró por la ventana y reflexionó sobre su día. Sacó su diario de su equipaje de mano y escribió sus pensamientos.

• • •

Tiros sólidos

Tuve mi primer encuentro con el viejo profesional, Willie Dunn, hoy. No fue nada parecido a lo que esperaba. Aunque, en realidad, no tenía idea de qué esperar. sí creí que por lo menos me vería hacer unos swings. Oh, bueno, hice bien en no decir nada sobre eso. Estoy seguro de que me verá golpear la bola la próxima vez.

Aprendí algunas lecciones interesantes de Will. No estoy seguro si lo creo, pero aquí está:

- Si mi sistema de puntuación para jugar golf se trata sólo de ganar y la opinión de los demás, voy a perder lo que el juego realmente es: la diversión, la construcción de relaciones y disfrutar del entorno.
- Mi autoestima no es un producto de mi rendimiento más la opinión de los demás. (Eso estaría bien.)
- Sólo hay tres reglas para el golf: no haga daño a nadie, no haga esperar a nadie y no dañe el ambiente. Una vez que conoce estas reglas ya ha alquilado el hoyo. (Realmente me gusta esta.)
- Dios no hizo chatarra. Soy incondicionalmente amado.
- Yo soy valioso a pesar de que hay partes de mi vida que podrían ser mejoradas.
- Dios sólo está a una conversación de distancia. (¡Ni idea de lo que significa esta!)

Mulligans

Realmente no necesité ninguno hoy. El viejo profesional me mantuvo fuera del campo así que me quedé fuera de los peligros.

Para ser honesto, me vendrían bien algunos mulligans para ayudarme a superar todas las veces que he jugado sólo para impresionar a los demás en lugar de divertirme, disfrutar de los otros que juegan conmigo y apreciar la belleza del entorno.

Capítulo 7

De regreso a la realidad

Todo pensamiento positivo se fue por la ventana la mañana siguiente cuando la alarma de Paul se apagó. Saltó de la cama y salió a la carretera corriendo. Trató de comer mientras se lavaba. subió a su auto e inmediatamente estaba en su teléfono celular. Su viaje de tres días a Asheville le habían pasado factura: su correo electrónico estallaba, el buzón de voz estaba lleno, su bandeja de entrada desbordaba y todo el mundo quería verlo.

Una mañana agitada seguida de un almuerzo, una tarde llena y luego una cena de negocios. Para el momento en que llegó a casa a las 9:30, estaba tan agotado que ni siquiera se quitó su ropa. simplemente se dejó caer sobre la cama y se quedó dormido al instante.

Cuando sonó el despertador la mañana siguiente, Paul estaba en marcha otra vez. Este día parecía ser tan agitado como el anterior. A continuación, una cita en un artículo de una revista que estaba leyendo sobre administración del tiempo lo detuvo en seco. Era de la estrella de cine Lily Tomlin: "El problema con estar en una carrera de ratas es que incluso si gana la carrera, usted sigue siendo una rata."

De repente, Paul se dio cuenta que su vida era una carrera de ratas para obtener resultados. Era adicto a hacer que las cosas sucedieran y generar rentabilidad al fin de todo. Recordando la declaración del viejo profesional acerca de que la vida "era todo acerca de las relaciones", se preguntó rápidamente lo que este impulso por el éxito estaba haciéndole a sus relaciones. ya sabía lo que le había hecho a su relación con su hijo Jake. no lo había visto en dos años. Cada vez que planeaban reunirse surgía algo. Le afecto mucho la última vez que habló con su hijo por teléfono y Jake dijo: "Papá, ¿por qué simplemente no admites que tu vida no tiene espacio para un hijo? No me llames nunca más ni me digas que vienes a verme. Si te apareces en algún momento, lo creeré."

Todo esto hizo que Paul pensara en el viejo profesional. Necesitaba volver a verlo más que nunca. A la mañana siguiente, Paul consultó con su secretaria para ver si tenía algo de tiempo libre en su horario y se encontró en un vuelo corto de Atlanta a Asheville diez días después.

•   •   •

Tiros sólidos

Tal vez debería añadir un título denominado "Intenciones". Intenté ser positivo con la gente y hacer de las relaciones una prioridad, ¡pero no hice un tiro relacional sólido en todo el día! Me retrasé algunos negocios cuando me quedé para reunirme con el viejo profesional. Casi me muero, pero respondí todos mis correos electrónicos viejos, regresé todos mis mensajes de correo de voz, aprobé o redireccioné todos mis mensajes en la bandeja de entrada, y al menos contacté o dejé un mensaje a todos los que querían verme. Traté de ponerme al día. Supongo que eso es algo.

Mulligans

Me irrité un poco con mi secretaria justo antes del almuerzo. Bueno, fui rotundamente grosero y brusco con ella. Supongo que me dominó el hambre. Luego, fui descortéz e impaciente con el chico del valet cuando me trajo el auto equivocado. Quiero decir, ¿cuántos BMWs plateados tienen "TÓMALO" como matrícula? Si las relaciones son tan importantes como el viejo profesional dice, sospecho que tengo mucho que aprender acerca de este aspecto de mi vida.

Pensé en Jake y sentí el mismo hueco en el estómago que he sentido durante algunos años. Tal vez debería tratar de conectarme con él.

No estoy seguro si me gusta escribir en un diario, pero yo no voy a parar ahora. Puedo ser muchas cosas, ¡pero renunciador no es una de ellas!

Capítulo 8

Preparándose para jugar

Paul estaba emocionado sobre su segunda lección con el viejo profesional. Mientras se estacionaba en el Muni, podía ver a Will en el putting green con un grupo de jóvenes. No podía darse cuenta si el viejo profesional estaba dando una lección o simplemente jugando un juego con ellos. Paul se quedó en su auto por un momento y se sumergió en el cielo azul, el pasto verde y la foto frente a él. *Esto podría ser una pintura de Norman Rockwell llamada El viejo Will Dunn y los niños en el green*, pensó Paul.

Paul decidió dejar sus palos en el auto porque no estaba seguro si alguna vez llegaría a golpear algunas bolas. Pero cuanto más pensaba en su última visita, menos le importaba.

Cuando salió del auto y se dirigió hacia la mecedora vacía en la entrada de la clubhouse, Paul escuchó la voz del viejo profesional decir "bien niños, eso es todo por ahora." Ellos dejaron escapar un gemido colectivo de decepción y espontáneamente rodearon al viejo profesional con un abrazo de grupo. Por un momento Paul pensó que iban a derribar al viejo, pero el solo se rió y les dio unas palmaditas sobre sus cabezas mientras los despedía.

Una vez que él estaba sentado en su mecedora, el viejo profesional movió su putter y le dijo a Paul: "No sabes lo mucho que me encanta pasar tiempo con los niños."

"Se nota".

"¿Cómo estás, Paul?", dijo el viejo profesional con una sonrisa de bienvenida.

"¿Estás listo para tu siguiente lección?"

"Por supuesto que lo estoy. ¿Vamos a hacerlo aquí o en el campo?"

"Siéntate," dijo el viejo profesional. "Vamos a hablar primero y luego tendré una mejor idea de lo que sería más útil. ¡Dímelo todo! ¿Qué ha estado sucediendo contigo desde la última vez que hablamos?"

"Bueno", dijo Paul con un suspiro: "Estaba emocionado cuando me fui de aquí la última vez. Realmente me hizo ver el golf y mi vida bajo otro lente. Pero antes de un abrir y cerrar de ojos, estaba de vuelta en la carrera de locos. Cuando sonaba la alarma todos los días, saltaba de la cama y salía corriendo a la calle".

"Que término tan desafortunado," el viejo profesional murmuró para sí mismo.

"¿Qué término?"

"Alarma", comenzó el viejo profesional. "¿Por qué no lo llaman el reloj "oportunidad" o el reloj de 'va a ser un gran día'?"

"Buen punto", dijo Paul riéndose. "Que manera de programar su mente de una manera negativa."

"El problema", comenzó a decir el viejo profesional, "es que todos tenemos dos seres: un ser interior que es pensativo, reflexivo y un buen oyente; y un ser exterior, orientado a las tareas, que se centra en lograr y hacer las cosas. El ser externo está demasiado ocupado para aprender. ¿Y cuál de estos dos seres crees que despierta más rápido en la mañana?"

"Eso es fácil", dijo Paul. "Es nuestro ser orientado a las tareas. Cuando saltamos de la cama después de apagar la alarma, nuestra atención se dirige a todas las cosas que tenemos que hacer ese día".

"Exactamente", dijo el viejo profesional. "Como resultado, pocas personas despiertan su yo interior. Ni siquiera lo hacemos en vacaciones. Corremos de una actividad a otra y luego volvemos a casa agotados."

"¿Cuál es la solución?" preguntó Paul.

"La manera de evitar la carrera de locos", dijo el viejo profesional, "es honrar a su ser interior, buscando tranquilidad y soledad."

"¿Cómo puede usted encontrar tiempo para la soledad?", preguntó Paul.

"Recomiendo que empiece su día más lentamente", dijo el viejo profesional.

"¿Eso tiene algo que ver con mi juego de golf?", preguntó Paul.

"Seguro que sí", dijo el viejo profesional. "Empezar su día lentamente lo prepara para ser lo mejor que puede ser durante ese día. ¿Qué haces para prepararte para jugar al golf?

"Siempre estoy sorprendido por el número de golfistas que tienen apenas algo de tiempo para calentar mentalmente o físicamente antes de comenzar una ronda de golf. A veces los ves atando sus zapatos en el primer tee. Tengo la sensación de que tú podrías caer en esa categoría".

"Culpable de los cargos", dijo Paul tímidamente. "El día que jugué con Davis Love, estaba corriendo allí para llegar a tiempo para nuestro tee de salida. Llegué con unos pocos minutos de sobra, corrí al tee de práctica para golpear unas cuantas bolas, y corrí de vuelta al primer tee."

"Yo esperaba mucho", dijo el viejo profesional con un guiño. "En un mundo ideal, sería mejor salir al campo de golf a un ritmo pausado, llegando alrededor de una hora antes de lo programado. Recuerde: en el camino hacia el campo, necesita alguna manera de hacer la transición de lo que ha estado haciendo a la tarea en cuestión - jugar y disfrutar de un partido de golf'.

"¿Cómo lo hiciste cuando estabas jugando mucho?", preguntó Paul.

"Si te has fijado, en tu camino al Muni, has pasado a través de un hermoso campo apartado."

"Para ser honesto contigo, apenas si lo he notado," Paul admitió. "Estaba pensando en un problema que tengo en el trabajo."

"Caso cerrado", dijo el viejo profesional con una sonrisa. "Cada vez que me dirigía aquí para jugar al golf sintonizaba algo de música relajante en mi radio y comenzaba a disfrutar de la belleza de los alrededores. Para el momento en que llegaba al campo estaba tranquilo y relajado - una manera perfecta de preparar el escenario para una ronda agradable de golf. hice lo mismo hoy para así poder centrarme en ayudarte y disfrutar nuestro tiempo juntos".

"Sería difícil para mí calmar mi mente de la forma en que tú lo haces", dijo Paul. "Pero puedo ver el poder en ello. Supongamos que desarrollo una rutina relajante para venir al campo y llego entre cuarenta y cinco minutos y una hora antes de lo programado. ¿Qué debo hacer cuando llegue?"

"En primer lugar, sentarte en tu auto, calmarte y pensar acerca de cualquier preocupación que tengas que pueda entrometerse en tu camino para jugar bien y disfrutar del gran juego del golf. Luego, deja esas preocupaciones a un lado".

"Sólo sacarlas de mi mente", dijo Paul.

"Lo entendiste", dijo el viejo profesional. "Luego imagínate a ti mismo más tarde ese día, sentado con la gente con la que has jugado, reído y te has sentido bien porque te divertiste, disfrutaste de su compañía, disfrutaste de la belleza que te rodea y jugaste bien. Estate satisfecho con tu rendimiento. Luego ve a los vestidores, cambia tus zapatos y alístate para jugar."

"¿Y luego voy al campo de práctica y empiezo a golpear bolas?"

"No de inmediato - relájate", dijo el viejo profesional de una manera gentil y cariñosa.

"Voy a estar tan relajado que estaré como un fideo mojado", dijo Paul con una sonrisa, "y no voy a ser capaz de golpear la pelota."

"Sí, si podrás", dijo el viejo profesional. "Pero primero, antes de salir al campo de golf, yo recomiendo hacer algunos ejercicios de estiramiento. Esto hace que estés suelto antes de golpear algunas bolas."

"Fui a una escuela de golf una vez", dijo Paul, "y me dieron un pequeño folleto que tenía los estiramientos que nos enseñaron. Pero, como se puede imaginar, yo nunca pude hacerlos porque por lo general sólo tenía tiempo para golpear algunas bolas antes del tee de salida. Si la elección es entre el estiramiento o golpear algunas bolas, voy a salir a golpear esa bola blanca todas las veces".

"La mayoría de la gente toma la misma elección", dijo el viejo profesional. "Pero a veces con una buena rutina de estiramiento, ni siquiera tienes que golpear las bolas."

"¿En serio?"

"¡De verdad!", Dijo. "En Escocia, donde el juego de golf se originó, hay pocos campos de prácticas. Así que se estira y luego se comienza la ronda. He jugado allí muchas veces, y no parece que me hace daño a mí ni a nadie más si no golpeamos ninguna bola antes de tiempo".

"¿Así que no debería golpear ninguna bola de práctica?", preguntó Paul.

"Yo no he dicho eso", dijo el viejo profesional. "Si golpeas las bolas, que de ninguna manera es una mala idea, tu intención debe ser la de relajarte, no trabajar en mecánicas de movimiento. Justo antes de una ronda no es el momento de renovar el swing. Tienes que ir con lo que trajiste al baile.

"Muchos jugadores de golf están jugando 'swing de golf' en el campo," continuó el viejo profesional, "incluyendo algunos de los mejores profesionales. Si algo va mal y están pegando con hook o slice, tratan de corregirlo en el medio de la ronda. Las cosas usualmente suelen ir de mal en peor".

"¿Qué recomiendas tú?"

"Corrige el problema en el tee de práctica después de la ronda o programa una lección con tu profesional local. Cuando estás en el campo, sólo juega golf. Ve qué tan pocos golpes puedes tomar, sin importar si estás golpeando la bola recta, torcida o lo que sea. Lo que sea necesario para que consigas poner la bola en el hoyo. Y hagas lo que hagas, no veas a otros novatos hacer el swing. Juega tu propio juego. No quieres un montón de imágenes negativas llenando tu mente".

"Me di cuenta de que Davis Love no prestó mucha atención a mi swing el otro día en el torneo de Pro-Am", dijo Paul.

"Esto se debe a que ha aprendido el secreto de no jugar 'swing de golf'", dijo el viejo profesional.

"Me imagino que no es divertido estar con la gente que juega 'swing de golf' en el campo", dijo Paul con una sonrisa. "Yo juego eso todo el tiempo en el campo. Eso es lo que destruyó mi juego en el torneo Pro-Am con Love. Cuando trabajo en mi swing durante una ronda, todos los demás propósitos para jugar al golf se van por la ventana excepto enfocarme en mi puntaje".

"Hablando de eso", dijo el viejo profesional", mientras estés entrando en el ritmo del juego en el campo, este podría ser un buen momento para revisar por qué juegas al golf. ¿Es por diversión, por la camaradería, la belleza o por la competencia? Asegúrate de no olvidar tu propósito. Pase lo que pase en el campo, necesitas mantener tus razones primordiales para jugar al golf. De lo contrario, como has indicado, puedes dejar que tus resultados determinen si disfrutas de la ronda o no".

"Me siento un poco como que estoy en el tercer grado", dijo Paul. "Has dicho ese punto una y otra y otra vez."

"Eso es porque quiero que lo entiendas bien - bien - bien", dijo el viejo profesional con una amplia sonrisa. "Por qué no traes tus palos y te veré en el green de práctica. Puedes golpear algunos chips y putts y luego ir al campo y pasar lentamente del wedge hasta tu driver".

"Eso es un enfoque interesante," dijo Paul. "Por lo general termino mi práctica con algunos chips y putts."

"La mayoría de la gente lo hace" dijo el viejo profesional. "Pero creo que es bueno que completes tu rutina de estiramiento con tu driver, o con lo que sea que usas para golpear desde el tee, ya que será el primer palo que utilizarás en el campo de golf."

"¿Eso significa que vamos a ir al campo de golf?" Paul preguntó esperanzado.

"Sí," dijo el viejo profesional. "Voy a ir contigo mientras juegas nueve hoyos."

Paul corrió al carro, agarró sus palos y se reunió con el viejo profesional en el putting green. Después de algunos putts y chips se dirigió al campo de prácticas y siguió la secuencia de palos del viejo profesional, terminando con su driver.

Capítulo 9

Estableciendo su propio par

"Siéntate en el carro," indicó el viejo profesional. Cuando Paul se sentó, el viejo profesional le mostró la tarjeta de puntaje y dijo: "Sólo para que no pienses que no creo que tu puntuación es importante, ahora que estás relajado, echemos un vistazo a la tarjeta de puntuación del campo y empecemos a establecer tu propio par".

"¿Mi propio par?" repitió Paul.

"Sí," dijo el viejo profesional. "No tiene sentido que juegues contra el par del campo de setenta y dos a menos que seas un profesional. Como resultado, he desarrollado un sistema de fijación de metas diseñado para ayudar a la gente a competir contra su propio par. Así es como funciona:

"Comienza con algo de honestidad brutal", dijo el viejo profesional. "El par para estos primeros nueve hoyos es de treinta y seis, y yo diría que son moderadamente difíciles. ¿Cuál has dicho que era tu handicap?"

"Creo que no lo dije", dijo Paul. "Pero yo soy un doce. Sin embargo, es un poco bajo por como he estado jugando últimamente."

"He oído eso antes", dijo el viejo profesional con una risita. "Suena como que estás negociando una apuesta. Por desgracia, no voy a jugar. Ahora, según como te sientas después de relajarte - y agrega a eso el hecho de que no sientes que has estado jugando tan bien como deberías últimamente y nunca has jugado este campo antes - ¿qué puntuación estarías satisfecho en reportar si estuviéramos sentados en el clubhouse tomando una gaseosae después de nueve hoyos?"

Paul miró la tarjeta. "Creo que me sentiría bien si hiciera cuarenta y cuatro."

"En términos del par del campo, entonces, *tu* par para estos nueve serían ocho bogies y un par, pero puedes establecer tu propio par de la forma que quieras."

"¿Qué quieres decir?"

"Supón que tiendes a comenzar lento y a terminar fuerte", dijo el viejo profesional. "Es posible que quieras establecer tu par en el primer hoyo, que es un par cuatro, en seis. Ahora, si consigues un cinco en el primer hoyo cuando tu par era seis, es un estímulo psicológico para poder ir al segundo tee bajo par en lugar de uno más".

"Eso podría ser emocionante", dijo Paul. "Así que puedo establecer el par para mí mismo en cualquier hoyo en cualquier cantidad, siempre y cuando mi total ascienda hasta mi meta esperada de cuarenta y cuatro."

"¡Lo entendiste!", Dijo el viejo profesional. "Supón que comienzas a establecer ochenta y nueve como tu objetivo para dieciocho hoyos. Una vez que empieces a golpear constantemente por debajo de ese objetivo, podrías reducir tu objetivo a ochenta y siete y comenzar a retarte de nuevo. Con este sistema estás siendo específico y dándote un objetivo al cual apuntar, no sólo para toda la ronda, sino también para cada hoyo - una meta que podría ser más realista que el par del campo designado para los profesionales".

"El sistema me suena bien", dijo Paul mientras escribía un seis para el primer hoyo con par cuatro, un cinco para el resto de los pares cuatro, seis para los dos pares cinco y dos tres para los pares tres. Eso le dio una puntuación de cuarenta y cuatro. "Creo que estoy listo", dijo Paul.

"Vamos a hacerlo", dijo el viejo profesional mientras conducía el carrito de golf hacia el primer tee.

En el primer hoyo, un par cuatro en la colina, Paul tuvo un buen drive, pero su segundo golpe aterrizó en una trampa de arena. Sus dos primeros tiros de la arena rebotaron en el borde de la trampa y de vuelta al búnker. Su tercer tiro desde la trampa finalmente aterrizó en el green e hizo dos putts para un siete. Un Paul frustrado regresó al carrito de golf y tiró su wedge de arena en su bolsa. Cuando se sentó empezó a escribir siete en su tarjeta de puntuación. El viejo profesional intervino.

"Con este sistema de puntuación, tu no anotas tu puntaje real, sólo cuántos disparos estuviste por debajo o por encima de tu par," dijo el viejo profesional. "Así que escribe para el primer hoyo más uno. Eso significa que para *tu* par tuviste un bogey".

"¿Así que como establecí mi par en seis, y obtuve siete, tengo un bogey en lugar de un triple bogey? ¡Eso es genial!"

"¿Eso no te hace sentir mejor?", dijo el viejo profesional con una risa.

"Yo sé lo que quieres decir", dijo Paul. "Voy a tener que sacarme ese siete de mi cabeza." En el siguiente hoyo, un par cinco largo, el par de Paul era seis. Una vez más su drive fue bueno, pero su segundo golpe aterrizó en el rough y tuvo que sacarlo con un wedge. Su cuarto tiro fue volando sobre el green y Paul gritó: "¡Jesucristo!" Mientras golpeaba su palo en el suelo. Cuando recuperó la compostura, hizo chip de nuevo hacia el green y la dejó a un metro y medio, pero falló el putt por otros dos.

"Dos comentarios sobre ese hoyo", dijo el viejo profesional con una sonrisa. "En primer lugar, si vas a mencionar a Jesús, me parece que siempre es mejor hablar con él antes de golpear tu tiro y no después de hacerlo. Él podría ser más útil antes".

Paul dijo con una mirada tímida, "¿cuál es tu segundo comentario?"

"Ese es otro bogey más uno", dijo el viejo profesional con un brillo en sus ojos.

"Así que estoy dos sobre par para los dos primeros hoyos. Supongo que es mucho mejor que estar cinco más".

"Claro que lo es", dijo el viejo profesional. "Vamos a ver cómo lo haces en el siguiente hoyo, un par cuatro corto donde tu par es cinco."

Paul golpeó otro buen drive justo por el medio del fairway. Su hierro ocho cayó en el green y rodó a dos metros y medio del hoyo. Mientras volvía al carrito de golf para conducir hacia el green, sonrió y dijo: "Estoy haciendo putt para un eagle con un tres."

"Estás empezando a entenderlo", dijo el viejo profesional.

Paul falló el putt pero consiguió anotar un 'birdie' menos uno en la tarjeta de puntaje. Consiguió su par tres en el siguiente hoyo y se fue al quinto tee con uno sobre par. El quinto hoyo era un par cuatro de cuatrocientas cuarenta yardas. Paul golpeó un buen drive, pero todavía tenía más de doscientas yardas cuesta arriba hasta el green.

"¿Qué palo usarías si estuvieras tratando de golpear al green desde aquí?", preguntó el viejo profesional.

"Golpearía mi madera tres", dijo Paul.

"¿Cuál es la probabilidad de que puedas golpear una madera tres doscientos metros hasta la colina de este green?"

"Probablemente no muy alta", dijo Paul.

"Dime algo", dijo el viejo profesional. "Si pudieras elegir, ¿preferirías estar golpeando un medio wedge de treinta yardas o un wedge completo de noventa yardas?"

"Para ser honesto contigo", dijo Paul: "Prefiero hacer un tiro de noventa yardas."

"Dado que la probabilidad no es muy alta de que puedas alcanzar el green con tu madera tres, ¿por qué arriesgarte a meterte en problemas en una trampa o en el rough o tener uno de esos tiros difíciles de medio wedge? Saca tu wedge y haz un tiro de unas ciento diez yardas por el centro a ese rango de noventa yardas", dijo el viejo profesional.

"Si yo hiciera eso con mis amigos en mi club", dijo Paul, "se reirían de mí."

"Recuerda lo que aprendiste la última vez", dijo el viejo profesional. "Tu autoestima no es en función de las opiniones de los demás. Si prefieres golpear un wedge completo en vez de medio wedge, entonces ¿por qué no jugar tu segundo golpe a donde puedes golpear ese tipo de tiro, sobre todo porque se trata de un par cinco para ti?"

"Hay mucho más en este sistema de puntuación de lo que parece", dijo Paul.

"¡Por supuesto!", dijo el viejo profesional. "Es una estrategia para establecer metas realistas, no sólo para cada hoyo y cada ronda, sino también para cada tiro."

Paul sacó su wedge y lo golpeó muy bien a donde fue capaz de golpear un wedge completo al green. Teniendo un golpe que le daba confianza, Paul se relajó y golpeó un buen tiro. Su pelota aterrizó a un metro y medio del banderín y esta vez su putt fue justo al centro del hoyo. Paul dejó escapar un grito. "¡Otro birdie! ¡He vuelto al par!"

"Bien hecho," el viejo profesional gritó.

Paul anotó *su par* en los próximos dos hoyos, incluyendo un hermoso tres desde el bunker en el séptimo hoyo de par tres. El octavo hoyo era un par cinco con curva a la izquierda y un arroyo en frente del green. Paul hizo dos buenos tiros, poniéndose en una buena posición para hacer un wedge completo al green. Cuando su tercer tiro aterrizó en el green e hizo dos putts, Paul estaba encantado de escribir menos uno en la tarjeta de puntaje para un birdie de cinco en lo que era un par seis para él. Ahora, él estaba con uno bajo par para la ronda. Cuando hizo *su* par cinco en el difícil hoyo nueve de par cuatro, Paul tuvo el placer de escribir un cuarenta y tres para su puntaje en los nueve hoyos.

Capítulo 10

Empezando su día lentamente

Sentado en el clubhouse tomando un té helado, Paul sonrió y dijo: "Cualquier otro día, si hubiera comenzado con dos sietes, habría estado en el fondo del tanque y nunca me hubiera recuperado. Traducir esos resultados en dos bogies más uno y no escribir un siete en la tarjeta realmente ayudó. Tu sistema de puntuación, además de las sugerencias para prepararme para jugar al golf, deberían mejorar mi juego. Pero ¿qué pasa con mi vida?"

"Como te he recomendado antes, debes empezar tu día más lentamente", respondió el viejo profesional con una sonrisa

"La preparación para un juego de golf es una cosa, pero no estoy seguro de que puedo encajar nada más en mi agenda", dijo Paul sonriendo.

"Conozco la sensación," dijo el viejo profesional, "pero se necesita disciplina. Permíteme compartir lo que ha funcionado para mí. Debo admitir que no hago todos los días lo que voy a describir. Es estúpido, pero cierto. Se llama libre albedrío en la acción. Mi corazonada es que todos tenemos el mismo problema - sabemos que tenemos que pasar más tiempo en la reflexión tranquila, pero dejamos que otras cosas se amontonen en ese momento. Tal vez por eso las mañanas funcionan mejor para mí.

"Cuando estoy siendo muy bueno conmigo mismo, trato de hacer que un momento de tranquilidad sea la prioridad del día antes que cualquier otra cosa - como una llamada telefónica o tiempo con un nuevo amigo como tú - tenga la oportunidad de intervenir."

"¿Así que las mañanas son lo mejor?", Preguntó Paul.

"Eso es lo que funciona para mí", dijo el viejo profesional. "Por ejemplo, una investigación muestra que las personas que se ejercitan por las mañanas suelen tener un programa de ejercicio regular más largo que las personas que se ejercitan en la tarde y la noche."

"¿Por qué?"

"Porque surgen cosas más tarde en el día que interfieren con las buenas intenciones", dijo el viejo profesional. "Si te encargas de tu ser interior cuando te levantas por la mañana, el resto del día no parece tan agitado."

"Dime lo que haces."

"Cuando mi día comienza bien", comenzó el viejo profesional, "una de las primeras cosas que hago es sentarme tranquilamente y relajarme. Luego empiezo a hacer algo de estiramiento para ayudarme a aflojar este viejo cuerpo. Menciono estiramiento porque mientras estoy tratando de despertar mi cuerpo, este es un momento perfecto para hablar con el Buen Dios. Él es mi amigo y quiere saber de mí".

"¿Así que oras?", preguntó Paul, sorprendido.

"Sí, lo hago," el viejo profesional afirmó. "Pero intento no usar ese término al hablar con la gente acerca de mi tiempo con el Señor. Cuando se menciona la oración, la gente quiere saber cómo hacerlo. Luego, hablar con el Buen Dios se vuelve más una técnica que una conversación con un buen amigo".

"Así que eso es lo que quisiste decir cuando dijiste que Dios estaba a sólo una conversación de distancia."

"Exactamente", dijo el viejo profesional con una sonrisa. "Es tan fácil pensar en la oración como un evento o una obligación más que como una forma de vida. Se trata simplemente de hablar con un amigo a lo largo del curso de tu día desde el principio hasta el final".

"Y, ¿piensas en Dios como tu amigo?", preguntó Paul.

"¡Por supuesto!", dijo el viejo profesional. "Pienso en él como mi mejor amigo." Hizo una pausa. "¿Tu hablas con Dios?"

"No. . . Bueno, excepto cuando estoy preocupado por algo. Me da vergüenza decir que la única vez que hablo con Dios es cuando podría usar su ayuda. Me imagino que si yo lo viera como un buen amigo como tú lo haces, él querría saber de mí con más frecuencia y no sólo cuando estoy en problemas".

"Eso es verdad", dijo el viejo profesional, "yo sé que él está feliz de saber de ti en cualquier momento. El Buen Libro dice que debemos hablar con nuestro amigo todo el tiempo. Es por eso que nos hizo, para caminar junto con él. Porque él nos ama, siempre ha sido su plan que tengamos una estrecha relación con él. Para demostrar este punto, permíteme preguntarte acerca de tu hijo. Tú me dijiste que tenías un hijo la última vez que nos vimos, pero nunca has hablado mucho acerca de él. ¿Cuántos años tiene él?"

Sintiéndose avergonzado por la falta de contacto con su hijo, Paul bajó la mirada y murmuró: "Tiene veintidós. Ya no tenemos mucho contacto".

"¿Siempre ha sido ese el caso?", preguntó el viejo profesional.

"Sí," Paul admitió. "Nunca estuve ahí para él. Y después del divorcio, sólo he estado demasiado ocupado. Al igual que mi padre, Jake comenzó a beber. Luego, hace cinco años él conducía borracho a casa de una fiesta y causó un grave accidente automobilístico - uno de sus amigos resultó herido de gravedad. Para mí, fue doloroso ver a mi hijo pasar por eso. Quería ayudar, pero no sabía cómo llegar a él".

"Apuesto a que si tu hijo te llamara y diría que está en problemas, tú te olvidarías de todo eso, escucharías y todavía tratarías de ayudar."

"A pesar de nuestras diferencias en el pasado, todavía lo amo. Estoy seguro de que lo haría", dijo Paul.

"Dios es igual", dijo el viejo profesional. "Él siempre está disponible cuando se le necesita, no importa lo que hayas hecho o cuánto tiempo ha pasado desde tu última conversación. Pero voy a tener que admitir: tu relación con Dios se pone mejor y más íntima cuando hablar las cosas con él es tu primera respuesta en lugar de tu último recurso".

"Si me decidiera a hablar con Dios con más frecuencia", dijo Paul, " no sabría qué decir ni qué hacer."

"La mayoría de la gente se preocupa demasiado por eso", dijo el viejo profesional. "Ahora sé que dijiste antes que nunca pudiste contar con tu padre. Pero supón que pudieses, y en tu mente él era el padre más grande y más amoroso que nadie jamás podría tener. Eso es lo que tu Padre Celestial es. Así que habla con Él como si fuera tu mejor amigo".

"¿Qué debo hablar con él?"

"Bueno, si no puedes pensar en otra cosa - ¡dile lo grande que es!", dijo el viejo profesional con una sonrisa. "Dile acerca de los problemas o inquietudes que tengas. Es posible que desees admitir los errores que has cometido y decirle que lo sientes. Dale las gracias por todo lo que ha hecho por ti. Luego pídele lo que necesitas. Sólo empieza a hablar con él regularmente y lo descubrirás".

"Suena bastante simple", dijo Paul.

"Lo es", dijo el viejo profesional. "Déjame decirte otra cosa que hago en mi tiempo de tranquilidad. Siempre paso un momento en silencio, escuchando, en caso de que el buen Dios quiera decirme algo."

" Sabes, he escuchado a la gente decir, 'Dios me dijo,' y siempre me pregunté de qué estaban hablando. Dan la impresión de que Dios les habla directamente en una voz clara y fuerte. Definitivamente, nunca he oído a Dios hablarme", dijo Paul.

"Yo tampoco", dijo el viejo profesional" no con mis oídos. Sin embargo, estoy convencido de que he oído de Dios. Al tratar de averiguar cómo se comunica conmigo, me pregunté: *¿cuándo pienso mejor? ¿cuándo pienso con más claridad?: ¿es en la ducha? ¿dando un paseo? ¿leyendo?* Me di cuenta de que pienso más claramente cuando estoy interactuando con las personas que el Señor pone en mi camino. Si toda la verdad y el conocimiento vienen de Dios, entonces me di cuenta que ese es el momento cuando él está hablándome. Así que, cada vez que me encuentro con una persona interesante como tú, yo siempre pienso, *Dios, ¿qué quieres que aprenda?* Cuando estoy en silencio delante de él y hago una pregunta como esa, mis pensamientos se dirigen a las cosas que él quiere que piense. Ahí es cuando es especialmente importante para mí escuchar".

"Pienso más claramente cuando estoy leyendo", dijo Paul. "¿Crees que esa es la manera en que Dios me habla?"

"Podría ser. Él ha utilizado tanto la palabra escrita como la hablada para comunicarse con sus hijos", dijo el viejo profesional. "Creo que Dios nos habla a todos nosotros de maneras especiales y únicas. Pero si lo que buscas es una zarza ardiente, esa ya está tomada".

Al no entender la referencia de la zarza ardiente, Paul continuó: "¿de qué otra forma habla Dios contigo?", le preguntó.

"A través de su carta de amor para mí", dijo el viejo profesional con una sonrisa. "Es más conocida como la Biblia", continuó.

"Una vez escuché a alguien decir que la Biblia es sinónimo de **Instrucción Básica Antes de Dejar la Tierra**" (Basic Instruction Before Leaving Earth, por sus siglas en inglés para **Bible**), dijo Paul. "¿Qué piensas de eso?"

El viejo profesional se rió en voz alta. "¡Me gusta! Esa es una forma graciosa de recordar que la Biblia contiene todo tipo de buenos consejos para el arte de vivir y mensajes de amor del Padre para sus hijos. Recuerda, leer la Biblia es más que una tarea de lectura; es una forma de conocer y entender a Dios y cómo quiere que vivas en relación con él y con los demás. Por ejemplo, tengo una placa al lado de mi cama con el Salmo 118:24 en ella. Cuando leo: 'Éste es el día en que el Señor actuó; regocijémonos y alegrémonos en él', mi día empieza correctamente".

"Con los años he hecho mucha lectura inspiradora", dijo Paul. "Pero para ser honesto, realmente no he pasado mucho tiempo leyendo la Biblia. Cada vez que lo intenté, me enredé en una lista de detalles que simplemente no tenían ningún sentido".

"Debes probar el Buen Libro de nuevo, Paul, si quieres aprender a cómo jugar el **juego de la vida primero**, la forma en que el diseñador del campo lo diseñó para ser jugado", dijo el viejo profesional con una sonrisa. "Ha sido el libro más vendido durante mucho tiempo. Yo rara vez termino de leer la Biblia sin aprender una nueva perla de la verdad acerca de mi viaje".

Cambiando de tema, Paul dijo: "¿Hay algo más que hagas para empezar tu día despacio?"

"En un día ideal, cuando termino de estirar, hablar y escuchar a Dios, y de leer su Palabra, hago un poco de ejercicio aeróbico", dijo el viejo profesional. "La Biblia llama al cuerpo el templo del Señor, y tengo que ser bueno con este viejo templo. Así que cada mañana tomo mi hierro cinco como un bastón para caminar y salgo a dar un paseo con mi perro. Él lo ama y yo también".

"¿Y si llueve?", preguntó Paul.

"Lo hago llueva o truene", dijo el viejo profesional. "Aprendí hace mucho tiempo que no hay mal tiempo, sólo ropa inadecuada."

"Esa está buena", dijo Paul con una sonrisa.

"Además", continuó el viejo profesional", me enteré de que hay una diferencia entre el interés y el compromiso."

"Cuéntame más", dijo Paul.

"Cuando las personas que están interesadas en ejercitarse despiertan por la mañana y está lloviendo, se dicen a sí mismos, *voy a hacer ejercicio mañana*. Las personas comprometidas no saben de excusas; sólo saben acerca de los resultados. Así que si los que están comprometidos con el ejercicio despiertan y está lloviendo afuera, se dicen a sí mismos *creo que voy a ejercitarme adentro*, o *mejor me pongo mi ropa de lluvia*. Las personas comprometidas en hacer algo tienen una filosofía de "no importa que pase".

"Interesante", reflexionó Paul. "Soy un corredor. He entrado en una serie de carreras de 10K y he estado pensando sobre cómo prepararme para una media maratón".

"Cuando haces del ejercicio una parte de cómo empiezas tu día despacio, tienes que tener cuidado de no tratarlo como otro juego de logros. Creo que es genial que compitas en algunas carreras de 10K, pero es posible que desees probar algo en la mañana que te ayude a seguir despertando tu ser interior. Un amigo mío era un corredor de la mañana durante más de veinte años. Ahora, es más un caminador, pero me encanta estar cerca de él cuando la gente pregunta qué tan lejos camina todos los días. Su respuesta es: "No sé." Ellos por lo general responden con: 'Bueno, ¿cuánto tiempo camina cada día?' Una vez más mi amigo dice: "No lo sé. Mi paseo por la mañana no se trata de llegar a ninguna parte. Es sólo una manera que elijo para empezar mi día.'"

"Qué gran enfoque para el ejercicio de la mañana", dijo Paul. "Puedo ver lo que estás diciendo. El propósito de tu ejercicio por la mañana es para ofrecerte más paz interior. Eso es algo en lo que seguro puedo trabajar".

"Termino mi tiempo de la mañana solo, sentándome en silencio de nuevo", dijo el viejo profesional. "Pongo mis manos sobre mis rodillas y pienso en todas las preocupaciones que tengo sobre ese día. A medida que vienen a mi mente, sólo las entrego al Señor.

"Cuando he pensado en mi última preocupación", continuó el viejo profesional, "dirijo mis manos hacia arriba como ercibiendo algo, indicando que estoy listo para hacer su voluntad mientras camino durante el día en compañía de mi *amigo*. Me imagino a mi mismo sentado aquí por la noche antes de irme a la cama, sintiéndome bien acerca de lo que hicimos juntos durante el día y cómo me he comportado e interactuado con los demás".

"Puedo entender por qué tu rutina para empezar tu día lentamente requiere disciplina. Hay una gran cantidad de componentes", dijo Paul.

"Requiere disciplina", dijo el viejo profesional, "pero estoy totalmente adicto a ella. Cuando me salto un día, lo que te dije que sucede de vez en cuando, casi me dan los síntomas de abstinencia, como las personas con adicciones negativas. Mi día no parece fluir cuando no he tenido tiempo para reflexionar y escuchar al Buen Dios. Leí una cita maravillosa recientemente: 'Cuando la niebla se instala en un puerto de mar, los barcos escuchan la sirena para saber dónde están los peligros. El sonido de la bocina les ayuda a mantenerse en el camino correcto.' Nosotros también necesitamos escuchar, para no desviarnos del curso".

"Lo entiendo," dijo Paul. "Mi vieja costumbre de ir rápidamente por la vida deja poco tiempo para la reflexión y para escuchar una voz mucho más sabia que la mía."

"Entendiste bien", dijo el viejo profesional.

"No puedo agradecerte lo suficiente", dijo Paul.

"La verdadera manera en que me puedes agradecer", dijo el viejo profesional, "es poner un poco de lo que has aprendido hoy en práctica. ¿Por qué no nos reunimos de nuevo en un mes?"

"De acuerdo", dijo Paul. "Voy a verificar mi agenda y te llamaré cuando vuelva a la oficina."

•   •   •

Tiros sólidos

Me reuní de nuevo con el viejo profesional y para mi sorpresa, en realidad golpeé bolas. Irónicamente, él no hizo comentarios sobre mi swing. Sin embargo, aprendí a establecer mi propio par. La idea en general parecía forzada y extraña al principio. Pero yo le di una oportunidad, nos divertimos, y en realidad hice un cuarenta y tres sólido en unos nueve hoyos difíciles que nunca había jugado.

El viejo profesional me dio algunos consejos para ayudarme a salir de la carrera de locos, tranquilizarme y reducir el número de mulligans que necesito tanto en el golf como en la vida. No entendí todo lo que habló, pero yo escuché y trataré de utilizar algunos de estos consejos en los próximos días:

- El despertador se podría llamar "oportunidad" o el reloj de "ten un gran día".
- Yo puedo empezar mi día lentamente sentándome tranquilamente, relajándome, elongando, teniendo una conversación con el Buen Dios (que es de lo que trata la oración), escuchando, leyendo la Biblia (soy escéptico en este caso), y planeando tener un gran día.
- Recordar que el ejercicio no es un juego de logros.
- Puedo visualizarme caminando a través de un día perfecto en la compañía de Dios como mi mejor amigo.

Mulligans

Gracias a mis conversaciones con el viejo profesional y aprender sobre la importancia de las relaciones, estoy pensando más en mi hijo de lo que lo he hecho en mucho tiempo. Si hay alguien con el que me gustaría poder tener un mulligan, sería Jake (y supongo que con su mamá). Siento que no merezco otra oportunidad, pero la esperanza no hace daño.

No estoy seguro de lo que pienso sobre todas las cosas del "Buen Libro", el "Buen Dios" y "Escuchar a Dios". Pero estoy seguro de que me muevo demasiado rápido. No parece que vaya más despacio. Creo que podría necesitar un mulligan aquí. Tengo que aprender a frenar, en el campo de golf y en la vida. Todo es una carrera y una competencia en mi mente. Quiero retroceder un poco, y creo que algunas de las ideas del viejo profesional podrían ayudarme a conseguir ir en el camino correcto. Voy a hacer un par de experimentos con estas ideas y ver si dan lugar a algunos mulligans en mi vida.

Capítulo 11

Tropezando
con el balbuceo

En el vuelo de vuelta a Atlanta Paul no podía creer lo mucho que había aprendido del viejo profesional. Pensó en la ronda de golf que había programado para el sábado siguiente y trazó una estrategia para aplicar algunas de las clases de golf que había aprendido.

Paul pensó: *en el camino hacia el campo necesito una forma de transición – que me relaje en mi juego de golf. Llegaré cuarenta y cinco minutos más temprano y haré lo siguiente:*

- Tranquilizarme y establecer mis preocupaciones.
- Darle propina al chico que me ayuda con mis palos de golf y tratar de sonreírle y actuar agradecido.
- Visualizar el sentirme bien al final de la ronda, porque me divertí, disfruté de las personas, observé mis alrededores y jugué bien.
- Tomar tiempo para estirar.
- Golpear algunas bolas para relajarme, empezar con mi putting y chipping y gradualmente ir hacia mi driver.
- Establecer mi propio par para cada hoyo que suma mi puntuación esperada para el día.
- Enfocarme en la práctica del golf, no en el "swing del golf" - ir con lo que llevé a la fiesta.
- Dar lo mejor de mí para jugar mi propio par.

Mientras Paul reflexionaba sobre su plan, su mayor preocupación era si podía poner en práctica todo lo que había aprendido. "Sólo el tiempo lo dirá", murmuró en voz alta.

Cuando Paul llegó a su casa, empezó con éxito su día lentamente durante los primeros tres días. Pero luego una crisis empresarial lo golpeó y ya estaba corriendo otra vez.

El sábado tenía una hora de salida programada para las diez en punto. Con la firme intención de tomar un relajante paseo por el campo en el camino hacia el campo de golf y poner en práctica el plan que había trazado para comenzar lentamente.

A las ocho en punto de esa mañana sonó el teléfono de Paul y sus planes se fueron por la ventana. La llamada era de su hijo, Jake, quien estaba muy molesto. había sido despedido de su trabajo en una empresa de producción donde había trabajado desde que se graduó de la universidad. todavía estaba pagando sus préstamos universitarios y algunas deudas de tarjetas de crédito y no sabía qué hacer, así que estaba llamando para ver si podía venir a vivir con Paul hasta que consiguiera sacar su cabeza a flote nuevamente.

Paul no lo podía creer. *El viejo profesional fue profético,* pensó. Podía oírlo decir de nuevo, "Apuesto a que si tu hijo llamara y te dijera que está en problemas, escucharías y tratarías de ayudar." *¿Por qué he de decir "seguro que lo haría"?* Paul se reprendió a sí mismo. *Esto realmente es un inconveniente,* pensó. "¿Hay otra alternativa?" Paul se oyó decir a sí mismo.

"Mamá aún está atada con el cuidado de Nana desde la apoplejía el año pasado, así que no tengo otro lugar a donde ir."

El último recurso, pensó Paul. Entonces, ablandándose, dijo, "¿Cuándo quieres venir?"

"¿Estaría bien mañana?"

¡Tienes que estar bromeando! pensó Paul. De repente, él se imaginó al viejo profesional a su lado diciendo: *Está bien, puedes manejarlo. Tu hijo te necesita. No pierdas esta oportunidad.* Con esto en mente, él respondió: "Vamos a hacer que funcione. Voy a hacer que mi agente de viajes haga una reserva de vuelo para ti de Nueva York a Atlanta".

Después de llamar a su agente de viajes, Paul decidió mantener su fecha de golf. Llegó al campo diez minutos antes. *No es la mejor manera de empezar un juego de golf,* pensó con una sonrisa. *Supongo que reír es mejor que llorar.* Paul golpeó un par de tiros de chip y putts; luego trató de hacer algunos ejercicios de relajación. Cuando fue al primer tee no estaba muy relajado. golpeó el drive fuera de límites. Como siempre, se negó a tomar un mulligan cuando se le ofreció y tomó la pena prescrita de un solo golpe, jugando su tercer tiro desde el tee. Su ronda fue cuesta abajo desde allí.

En las semanas que siguieron, el esfuerzo de conectarse nuevamente con su hijo y sus problemas profesionales, además de una crisis tras otra en el trabajo, hicieron difícil que Paul predicara con el ejemplo y pusiera en práctica lo que el viejo profesional le había enseñado. Además de que su relación con su novia, Carla, se deterioró. La intrusión de su hijo en su relación y las constantes referencias a algún "viejo profesional" fueron demasiado para que ella aceptara.

"Estoy desesperado", dijo Paul para sí mismo. Luego, con una sonrisa, dijo: "Yo no prediqué con el ejemplo - ¡Tropecé con el murmullo! Seguro que podría usar algunos mulligan en este momento".

El mes pasó volando y antes de que Paul se diera cuenta estaba en el avión de nuevo rumbo a Asheville. *No veo cómo puedo enfrentar al viejo profesional,* pensó. *Después de todo, no he puesto mucho de lo que aprendí en la práctica.*

• • •

Tiros sólidos

Me mordí la lengua cuando Jake llamó hoy con su "crisis de vida." ¡Honestamente creo que trae una gran cantidad de esta basura él mismo! Me sentí como si fuera el último recurso, pero fui capaz de mantenerme calmado por teléfono.

Realmente no me importa ayudarlo; es sólo un mal momento. Yo estaba a punto de poner en práctica algo de lo que el viejo profesional me ha estado enseñando, como empezar lentamente y calentar. Entonces me di cuenta, cada vez que Jake me ha necesitado, he perdido la oportunidad porque estaba ocupado. ¡Esta vez tuve tiempo! Mi actitud no era perfecta, pero creo que estoy haciendo lo correcto.

Le conseguí a Jake un vuelo a casa y pagué por él sin pestañear. Me gusta que lo hice.

Todavía me hice tiempo para mi salida, pero no pude estirar ni calentar mucho. Cuando jugué mal (no es gran sorpresa), fui capaz de reírme de ello y no me sentí demasiado frustrado. Así que supongo que estoy haciendo un poco de progreso.

Mulligans

Me negué a un mulligan en el primer tee hoy a pesar de que tenía prisa y me hubiera encantado decir que sí, cuando fue ofrecido. Tal vez la próxima vez. Puedo ser obstinadamente orgulloso.

no soy muy bueno con el calentamiento antes de un juego de golf o comenzar mis días lentamente. Esto sólo parece ir contra la corriente de mi vida. Soy un tipo de alta velocidad. Tengo que aprender a reducir la velocidad.

Las relaciones son difíciles. Carla está siempre frustrada conmigo. La gente en el trabajo puede sentir la tensión cuando entro a la habitación - Puedo verlo en sus rostros. Voy a necesitar paciencia con Jake cuando él se mude conmigo. siento que necesito un cubo entero de mulligans cuando se trata de mi mundo relacional.

Capítulo 12

Los Mulligan ayudan

Mientras Paul conducía hacia el Muni, el viejo profesional estaba sentado en su lugar habitual en la mecedora de la entrada de la casa club. Cuando Paul lo vio, su corazón se llenó de alegría. Todo el miedo y la vergüenza de hacer tan poco progreso en el último mes desaparecieron al ver a Will sentado allí. sólo había estado con él en tres ocasiones, pero Paul sentía que era un buen amigo.

Paul sabía muy bien que no tenía otro amigo de verdad - a alguien con quien pudiera contar, incluso confiar. Mientras pensaba en ello, Paul se dio cuenta de que había estado sin amigos toda su vida. Su padre lo había abandonado y su entrenador lo había decepcionado. Había sido abandonado por los dos hombres más poderosos e importantes en su vida. Ambos se habían ido, dejándolo a su propia merced. Su comportamiento había dañado su capacidad de confiar en alguien que pudiera acercarse a él personalmente. Desde entonces, nunca había tenido a nadie en su vida al que podía llamar un amigo de verdad.

Paul ciertamente no veía a Dios bajo una luz favorable. No podía imaginar a Dios siendo su amigo en la forma que el viejo profesional obviamente lo era.

La mente de Paul iba a mil por hora mientras estacionaba su auto. Antes de cerrarlo, agarró sus palos de golf, por si acaso. Mientras caminaba a la casa club, la cálida sonrisa del viejo profesional le dio la bienvenida.

"¿Cómo estás, hijo?"

Paul se sentó al lado del viejo profesional. "No tan bien como me gustaría informar", dijo. "Esta vez no fue sólo el trabajo. Mi hijo apareció en mi puerta".

"¿En serio? Eso es bueno", dijo el viejo profesional, interesado.

"No exactamente," dijo Paul. "Llamó primero desde Nueva York. Acababa de perder su trabajo y creo que necesitaba un amigo. Yo no podía creer que haya pensado en mí".

"Eso es una gran noticia", dijo el viejo profesional, aplaudiendo. "En el fondo todos necesitamos y queremos un amigo."

"¡Has estado leyendo mi mente!" Paul espetó. Avergonzado por su arrebato y casualmente añadió: "Los niños son difíciles de entender. Pero perder un trabajo puede ser un golpe duro".

Sin permitirle escapar del tema, el viejo profesional dijo, "La amistad es la forma que toma el amor cuando se pone en práctica. Se trata de tener a alguien que realmente se preocupa y se queda ahí no importa lo qué pase".

" podría haber utilizado un amigo la semana pasada con toda la turbulencia que mi hijo causó en mi vida."

"¿La turbulencia?"

"Perdí el ritmo cuando Jake se mudó," dijo Paul. "La molestia de todo a veces se siente como demasiado para mí. Para ser honesto, yo no estaba dispuesto a perder parte de mi libertad. Desde que Jake llegó, he luchado por ser un verdadero padre y amigo para él. Mi novia, Carla, ya se quejaba del poco tiempo que pasaba con ella. Todo mi enfoque en Jake fue la gota final - ella me abandonó. No estaba contento con eso, y me temo que he hecho que Jake se sienta más como una carga para mí que como un hijo".

El viejo profesional le dijo a Paul: "¿Alguna vez has pensado en tu padre? - ¿cómo era él? y ¿qué lo podría haber llevado al alcohol?"

"¡Pensar en mi padre!" Paul sintió repulsión. "Puede ser que lo haya amado cuando estaba sobrio, pero lo odio por lo que nos hizo a mi madre y a mí cuando bebía. No importa cuántas veces prometió permanecer sobrio, él siempre se quebraba cuando algo difícil llegaba a sus manos. Lo culpo por haber muerto, por habernos dejado solos y en un limbo. ¡No pierdo mi tiempo pensando en él!"

El viejo profesional no dijo nada, simplemente se acercó y apretó la mano de Paul. Algo dentro de Paul se abrió de repente. No podía controlarse. empezó a llorar.

"¿Y si tu padre estuviera aquí en este momento?", Preguntó el viejo profesional, gentilmente. "¿Qué te gustaría que él te dijera?"

Luchando para recuperar la compostura, Paul pensó por un momento y dijo: "Sólo 'Te quiero' o 'Estoy orgulloso de ti'." Cuando bebía, me hacía sentir que si yo estaba fuera del camino todo el mundo sería feliz". Paul apretó los dientes. "Juré que nunca lo perdonaría. ¡Me juré nunca jamás ser como él!"

" Y…"

"Y yo estoy actuando como mi padre con mi propio hijo." El rostro de Paul se llenó de dolor. "Me odio por ello."

El viejo profesional miró directamente a Paul y dijo: "no tienes que dejar que tu pasado con tu padre o lo que haya sucedido recientemente con tu hijo determine el futuro. Verás, el pasado puede ayudar a explicar el presente, pero nunca debe ser una excusa para el futuro. Puedes perdonar a tu padre y a ti mismo y tener una segunda oportunidad con tu hijo.

"El perdón es amor en acción. Dios te ha dado un mulligan. El caminará contigo y te fortalecerá mientras tú y tu hijo aprenden a aceptarse y a animarse el uno al otro. Tu hijo te necesita, Paul. Puedes cambiar el rumbo".

Paul se encogió de hombros y miró a lo lejos.

Después de una pausa, el viejo profesional dijo "a veces no sólo llueve, llueve a cántaros. Sin embargo, sé que en el fondo tu hijo realmente aprecia que estés dándole una segunda oportunidad".

Queriendo cambiar de tema, Paul aligeró su tono y dijo: "Así que, dada la presión en el trabajo y hacer frente a mi hijo, el camino al infierno fue pavimentado con buenas intenciones." sonrió entre dientes. "Necesité algunos mulligans en mi vida este último mes."

"Hablando de mulligan", dijo el viejo profesional, "¿por qué no haces un poco de calentamiento, luego aflojas en el green y en el campo de práctica, y te veré en el primer tee en quince minutos. No te preocupes por establecer tu propio par. Vamos a jugar otro tipo de juego hoy, y en esta ocasión podrás jugar los dieciocho hoyos".

Paul tomó un poco más de tiempo para calentar de lo previsto. El viejo profesional había llegado realmente a él. no quería hacer frente a otro problema que podría abrir las compuertas cerradas dentro de él.

Cuando Paul finalmente llegó al primer tee, el viejo profesional estaba esperando en el asiento del conductor de un carrito de golf. "Me tomó un poco más de tiempo entrar en mi ronda", dijo Paul con una sonrisa tímida.

"No hay necesidad de pedir disculpas por eso", dijo el viejo profesional con una voz amable. "Muy bien Paul, vas a jugar dieciocho hoyos. Voy a observar y a conducir el carrito. Hay una nueva regla para esta ronda: en cualquier momento que quieras tomar un mulligan, tómalo".

"Déjame escuchar eso de nuevo", dijo Paul.

"Puedes tomar un mulligan en cualquier tiro que desees."

"Sé que hemos estado hablando de mulligans en la vida, ¿pero no son los mulligan en el golf permitidos para el primer tee solamente?"

"No es la forma en que vamos a jugar hoy. No sólo se puede tomar un mulligan en el primer tee, se puede tomar un mulligan en el fairway o fuera de la trampa. Si quieres tomar un putt o un chip más, puedes hacerlo. Puedes tomar un mulligan en cualquier momento y en cualquier lugar. Ahora vamos a ver que tan bien lo vas a hacer".

Paul sonrió y dijo: "Este no es mi estilo. Yo no tomo mulligans. Pero si insistes, creo que me va a gustar este juego".

En el primer tee él golpeó un buen drive pero terminó en el rough. Gritó, "Mulligan" y acomodó otra bola, conduciéndola justo por la mitad del fairway.

El viejo profesional sonrió y dijo, "¿Cuál vas a jugar?"

"Eso es fácil", dijo Paul con una sonrisa, "la que está en el fairway. Tú hiciste las reglas. "Voy a aprovechar esta oportunidad".

El siguiente tiro de Paul cayó en una trampa de arena. El viejo profesional dijo: "Dale el viejo mulligan". Esta vez Paul conectó un hermoso tiro justo al centro del green. "Soy bastante bueno, ¿no?" Paul dijo. "Los mulligans realmente ayudan."

A medida que se adentraban más en la ronda, Paul estaba sorprendido de que comenzaba a tomar cada vez menos mulligans. se balanceaba con una fluidez y confianza que nunca antes había experimentado.

"¿Qué te parece jugar de esta manera?", Preguntó el viejo profesional mientras se alejaban de otro hermoso tiro de Paul.

"¡Me encanta esto!", Dijo Paul. "Estoy muy relajado - Lo estoy disfrutando."

"Ese mulligan ambulante de seguro que ayuda, ¿no?"

"Seguro que sí."

Mientras entraban subiendo al fairway dieciocho, Paul se volvió hacia el viejo profesional y dijo: "Voy a tener que admitir que es la ronda de golf más divertida que haya jugado."

El viejo profesional sonrió. "Tu puntuación no es mala, tampoco. Si haces par en éste, tienes un setenta y cuatro. ¿Alguna vez has hecho un setenta y cuatro?"

"Nunca bajé de ochenta," Paul admitió.

"Hijo, tienes ese setenta y cuatro allí. Sólo tienes que llevarlo a cabo en el primer disparo. ¡Eres bueno!"

Paul dijo: "No soy bueno. El mulligan es bueno".

Mientras se sentaban juntos en el carrito de golf después de la ronda, el viejo profesional ayudó a Paul a procesar lo que acababa de suceder.

"Es increíble", dijo Paul. "No sólo disfruté el juego y tuve una mejor anotación, sino que mi confianza seguía aumentando. Me di cuenta de que no estaba pensando en la mecánica. Estaba dejando que el swing fluyera. estaba pensando más sobre jugar golf que jugar el 'swing del golf." Y ciertamente no estaba preocupado por el resultado, porque siempre podía hacer un tiro de más si era necesario. Hice tiros buenos y de mejor calidad en esta ronda que lo que he acertado en cualquier ronda de mi vida".

"De seguro que lo hiciste," dijo el viejo profesional con una sonrisa. "Al tener un mulligan que te apoye, has demostrado que podrías golpear todos los tiros. ¿Y si pudieras tener un mulligan en cualquier momento que quisieras en tu vida?"

"¿Cómo puedo hacer eso?"

"¿Qué haces ahora si cometes un error? Digamos que estás impaciente. Gritas o ignoras a un empleado, o tomas una mala decisión de negocios. ¿Qué pasa?"

"Me siento muy mal y me mortifico a mí mismo" Paul admitió. "Al igual que hice al volar aquí. estaba abatido conmigo mismo porque no avancé con lo que me has enseñado".

"¿Quieres saber cómo podrías evitar sentirte mal cuando te equivocas?"

"Claro que me gustaría."

"Entonces vamos a conseguir algo de comer y a hablar de ello", instó el viejo profesional.

"Genial", dijo Paul. "Déjame cambiar mis zapatos en el vestidor y tomar un poco de tiempo para escribir un par de pensamientos en mi diario. Te veré en el restaurante en diez minutos".

...

Tiros sólidos

Sabiendo que podía recibir un mulligan me permitió jugar más fácilmente y con más confianza. Hice tiros más sólidos hoy que en cualquier otra ronda en mi vida. Realmente quiero escribir mi puntuación. Un setenta y cuatro. Sé que fue con bastantes mulligans, pero realmente creo que podría salir y romper ochenta.

Lo más importante que aprendí de tener una fuente inagotable de mulligans es no castigarme a mí mismo por mis errores, sino aprender de ellos. Conforme pasó el tiempo, aprendí de mis errores, naturalmente, así que cometí menos. Mi confianza creció, mi rendimiento fue mejor y empecé a disfrutar del juego. La gran pregunta para mí ahora es cómo llevar esta filosofía mulligan a mi vida.

Mulligans

Si pudiera vivir mi vida diaria con mulligans sin fin, tengo la sensación de que tendría más libertad, tomaría mejores decisiones y haría mejores puntuaciones en el juego de la vida. Tengo que poder entender esto. Tiene sentido en el campo de golf, pero ¿cómo funciona esto en la vida?

Algo dentro de mí se abrió cuando el viejo profesional preguntó sobre mi papá y mi hijo. Me sentí tan avergonzado que lloré delante de Will. No puedo recordar la última vez que derramé una lágrima. Pero, de alguna extraña manera, creo que fue algo bueno.

Me gustaría poder tener un mulligan con Jake. Desearía que las cosas realmente pudieran ser mejores entre nosotros. amo a ese chico. Pero me genera frustración, también.

Eso es todo por ahora. Mejor voy a buscar a Will y a comer algo de almuerzo. debe estar preguntándose qué me pasó.

Capítulo 13

El mulligan definitivo

Paul se sentó al lado del viejo profesional en el comedor y conversó casualmente por unos minutos.

Finalmente el viejo profesional dijo: "tal vez deberíamos ir al grano."

"Me gusta tu estilo", dijo Paul. " sabes, estaba pensando en el vestidor acerca de lo fácil que fue para mí disfrutar del golf. Jugué mejor cuando me di cuenta que siempre podía hacer un mulligan. Me encantaría que fuera así de fácil en mi vida. Desde ese primer día cuando nos encontramos y me dijiste que la vida se trata de las relaciones, me he vuelto más consiente y preocupado por mis relaciones en el trabajo, en la casa, en el campo de golf – en todas partes. Sé que podría usar algunos mulligans en mi vida, particularmente ahora que mi hijo está de vuelta en la escena - y que todavía lo estoy decepcionando.

El viejo profesional sonrió. "estaba bastante seguro de que llegarías a ese lugar. Si quisieras mulligans en tu vida diaria, todo inicia con el mulligan definitivo."

"¿Qué es el mulligan definitivo?", Preguntó Paul.

"No es un *que*, es un *quién*", dijo el viejo profesional. "es empezar en una relación con el originador del concepto de las segundas oportunidades: Dios."

"Oh, no", dijo Paul. "como le dije antes, no soy fanático de la religión."

"yo tampoco", dijo el viejo profesional, "pero soy fanático de Dios. Él es quien inventó los mulligans. Él es todo segundas oportunidades."

"¿Cuál es la diferencia entre ser religioso y de lo que estás hablando?"

"Antes de que entre en eso, cuéntame en dónde estás en tu viaje espiritual en este momento - y donde has estado".

Paul se encogió de hombros. "bastante simple - realmente no estoy en ninguna parte."

"¿Qué quieres decir con eso?"

"Bueno, cuando era un niño mi mamá solía arrastrarme a la escuela dominical, pero yo nunca me emocioné demasiado con ello. Fuimos a una iglesia presbiteriana y cuando llegué a la secundaria me cambié a la iglesia metodista, porque tenían un mejor equipo de baloncesto y chicas más guapas. Eso es de lo que me preocupaba en ese entonces - deportes y chicas atractivas." Paul sonrió y continuó: "fue en esa iglesia que conocí al entrenador de baloncesto quien me decepcionó a mí y a todos los demás cuando tuvo una aventura amorosa con una profesora y dejó la ciudad."

"eso debe haber dolido", dijo el viejo profesional. "has mencionado ese entrenador varias ocasiones."

"así fue," Paul admitió. "y dañó mi fe en Dios y en la gente".

"¿Por qué?"

"Mi amigo entrenador me habló acerca de su fe todo el tiempo y lo importante que era ser fiel a Dios en primer lugar, luego a la familia y luego a los amigos. Y luego él va y tiene un romance - rompe el corazón de su esposa y devasta a su familia y a sus amigos. Fue entonces cuando decidí que debería seguir solo."

"¿alguien te habló acerca de tener una relación con Jesús?"

"el entrenador lo hizo de vez en cuando, pero luego él no se comportó mucho como Jesús. Eso realmente me molestó. Vi todo tipo de gente que iba a la iglesia el domingo pero durante la semana parecían olvidarse acerca de lo que habían aprendido."

"Así que estabas decepcionado de cómo se comportaban los seguidores de Jesús;" dijo el viejo profesional.

"Acertaste en eso", dijo Paul, "así que dejé de ir a la Iglesia. Cuando salí de la universidad, a la gente no le importaba mi crecimiento espiritual. Dejé de usar palabras como Dios y Jesús - excepto en el campo de golf", dijo Paul tímidamente.

"¿Alguna vez retornó tu fe?", Preguntó el viejo profesional.

"Cuando conocí a mi esposa, Rebecca", dijo Paul. "Ella había sido una feligrés en su juventud, por lo que pensamos que deberíamos participar en una iglesia, especialmente cuando tuvimos a Jake apenas un año y medio después de que nos casamos. Como se hace al principio en el matrimonio, uno trata de complacer a la esposa, así que me uní a una iglesia local con ella. Jake fue bautizado allí e íbamos a la iglesia de vez en cuando, sobre todo en Navidad y en Pascua".

"¿alguien te habló acerca de cultivar una relación con Jesús en la iglesia?", Preguntó el viejo profesional.

"En realidad no. El pastor predicó acerca de Dios pero nunca realmente llegué a Jesús."

"Entendiste eso mal," dijo el viejo profesional con una sonrisa. "Jesús llega a ti. Pero voy a explicarte eso después. ¿Tu esposa te ayudó en tu viaje?"

"Ella lo hizo al principio, pero luego se desilusionó al igual que yo."

"¿Qué pasó?", preguntó el viejo profesional.

"El pastor de nuestra iglesia fue despedido después de una batalla política. Nos enteramos de primera mano que algunas personas religiosas pueden ser crueles, en particular con los demás. Me gustaba el pastor. Él era mi tipo de hombre. Su fe era importante para él, pero no te presionaba. Parecía auténtico.

"Cuando vimos las políticas de la iglesia y la forma de tratar al pastor", continuó Paul, "Rebecca y yo dijimos, 'Si eso es de lo que la religión trata, pueden quedársela.'

"Dimos la espalda a la iglesia por completo. Nuestro amigo pastor que fue despedido trató de convencernos de que no dejáramos la iglesia a pesar de que él también había sido decepcionado con la forma en que la gente se comportaba. Recuerdo que él dijo, "las iglesias están llenas de gente falible. Es por eso que necesitamos una relación personal con Dios". Desafortunadamente, nuestro matrimonio empezó a ir hacia otra dirección; no fuimos capaces de escuchar su declaración. Como has dicho, no sólo llueve, llueve a cántaros".

"Tu amigo pastor tenía razón", dijo el viejo profesional. "Ese no era el momento ni el motivo de dar la espalda a Dios. ¿Estarías interesado en saber más acerca de conocerlo?"

"En realidad no," admitió Paul. "Estoy más interesado en saber sobre mulligans en la vida."

"Bueno, Dios y los mulligans van juntos porque él ofrece el mayor mulligan de todos los tiempos. Después de todo, él nos perdona por nuestros pecados - nuestros errores. Su mulligan funciona como un mulligan en el primer tee. No puedes comprar uno - excepto en eventos de golf de caridad - o tomar uno por ti mismo. Tiene que ser ofrecido por uno de los compañeros de juego. Y desde el principio de los tiempos, Dios ha querido ser nuestro compañero de juego en la vida".

"Escucho lo que dices", dijo Paul, "pero ese término 'pecado' me molesta. Cuando hablo con mis amigos religiosos, una de las cosas que siempre me ha fastidiado es todo el concepto del pecado original. ¿Por qué tenemos que empezar *mal*? ¿Por qué no podemos empezar con potencialidad? Luego podríamos ser buenos o malos dependiendo de lo que hacemos".

"Déjame hacerte una pregunta", dijo el viejo profesional. "¿Crees que eres tan bueno como Dios?"

"Por supuesto que no", espetó Paul. "Si hay un Dios, eso es la perfección."

"Bueno. Vamos a darle a Dios una puntuación de cien. Luego daremos a los asesinos cinco puntos. La madre Teresa obtiene un noventa y cinco. Ahora Paul, tú que estás teniendo dificultades, pero tienes un buen corazón y estás tratando de hacerlo a tu manera. Yo te daría un sesenta y cinco ahora. Lo más llamativo de la fe genuina," el viejo profesional continuó, "es que el Señor envió a su Hijo a la tierra para compensar la diferencia entre nuestra puntuación y el centenar. Eso es de lo que trata la gracia y el perdón. Es el Mulligan definitivo. Debido a que Jesús nunca pecó y fue perfecto, él puede compensar hasta donde nos quedemos cortos. Él nos puede hacer llegar a cien".

"¿Por qué tenemos que obtener cien?"

"Déjame ver si puedo explicarlo de esta manera", dijo el viejo profesional. "Dios nos creó para jugar en su campo. "Me gusta llamarlo "el campo menos jugado"

"¿Por qué?"

"A pesar de que es hermoso, al igual que el Jardín del Edén debe haber sido, puede ser difícil. Dios quiere que juguemos en su campo bajo sus normas en una relación con él. Como resultado, la mayoría de la gente no quiere jugar en su campo, de ahí el nombre".

"¿Así que tenemos una elección?"

"¡Por supuesto!", Dijo el viejo profesional. "Dios no quería que fuéramos robots, así que nos dio el libre albedrío. Al igual que Adán y Eva, en la vida podemos elegir jugar en nuestro campo o en su campo. Cuando Adán y Eva decidieron jugar el juego a su manera en su propio campo, la humanidad fue separada de Dios. Como dice en el Antiguo Testamento, vagaron durante años, jugando en su propio campo con éxito limitado. Aunque Dios no estaba contento con eso, aún amaba a los seres humanos y quería que todos fueran a la eternidad en el cielo. Pero ya que él también es un Dios justo, él sólo lo permitiría si enmendáramos nuestros caminos y nos hiciéramos perfectos – con una puntuación de cien. Eso, por supuesto, es imposible porque el campo de golf es difícil y ninguno de nosotros puede jugar tan bien, ni siquiera Ben Hogan".

"¿Ben Hogan?"

"Sí," dijo el viejo profesional. "Ben era un querido amigo mío. Me entristeció mucho cuando murió hace unos años. Era un hombre guiado por valores con una intensa perseverancia y una gran ética de trabajo. Nadie quería perfeccionar el swing del golf más que Ben. Incluso cuando tenía ochenta años él todavía practicaba todos los días. Poco después de su muerte, leí una entrevista en el periódico dada por su encantadora esposa, Valerie. Ella dijo que lo que más motivaba a Ben era la idea de jugar una ronda perfecta. No sentía que estaba fuera de su alcance el tener dieciocho birdies seguidos".

"dieciocho birdies seguidos - ¡eso es Increíble!" Paul gritó.

"No es más increíble que decir que tienes un cien en una escala de uno al céntuplo".

"Me atrapaste en eso", dijo Paul. "Por cierto, me gusta ese concepto del uno al cien. Es mucho mejor que llamar a alguien un pecador. Además, odio las etiquetas. Cuando se llama a alguien un pecador, se ponen a la defensiva y tensos. Pero si le preguntas a cualquier persona que se califiquen en una escala de uno a cien, de la imperfección a la perfección, nadie diría cien. No estoy seguro de que mi puntuación sería muy diferente a la que me diste. Yo diría que estoy entre sesenta y setenta. Ciertamente no soy perfecto. Tengo un largo camino por recorrer. Pregúntale a mi ex esposa, mi hijo, o las personas en el trabajo".

"No pierdas la fe en ti mismo", dijo el viejo profesional. "Como ya he dicho, todos quedamos cortos de la perfección, incluso Ben Hogan."

"Puedo creer eso", dijo Paul con una sonrisa, "si dieciocho birdies consecutivos era su objetivo."

"Bueno, lo eran", dijo el viejo profesional. "Valerie llegó a decir en la entrevista que Ben tenía un sueño recurrente. Realmente era una pesadilla en la que él hacía birdie en diecisiete hoyos seguidos y estaba de pie en el hoyo dieciocho con un putt de cuatro pies para lograr esta ronda perfecta, pero él siempre erraba el putt".

"Eso ciertamente sería una pesadilla", dijo Paul.

"A menos que aceptes ayuda", insistió el viejo profesional.

"¿Qué tipo de ayuda?", Preguntó Paul.

"Una relación con mi amigo Jesús."

"Aquí vamos de nuevo", dijo Paul con una sonrisa. "¿Su amigo?"

"Sí," dijo el viejo profesional. "¿Recuerdas que antes dije que tenías el concepto equivocado cuando dijiste que no estabas involucrado con Jesús? Él quiere ser *amigo de todo el mundo*. Quiere conocerte".

"¡En serio! ¿Incluso a mí?"

"Exactamente", dijo el viejo profesional. "A mucha gente no le gusta el hecho de tener las mismas posibilidades que un verdugo y la Madre Teresa. Sin embargo, eso es de lo que trata la gracia. No se trata de hechos; se trata de la fe. Dios no califica en una curva. Es un regalo. Si aceptas a Jesús como tu Salvador, no importa cuál sea tu pasado, él te libera de tus pecados al hacer la diferencia entre tu puntuación y el céntuplo. Jesús obtuvo un birdie en cada hoyo. Él vivió una vida perfecta y murió en la cruz por nosotros. Este acontecimiento crucial abre la puerta para que recibamos su perdón total. Ninguno de nosotros puede hacerlo a la perfección y sin ayuda. Ni siquiera Ben Hogan".

"No sabía que Ben Hogan era un líder tan espiritual", dijo Paul con una sonrisa.

"no lo era", dijo el viejo profesional. "Verás, Dios sabe que todos nosotros - incluido tú, yo y Ben Hogan- estamos destituidos de su perfección. Dios requiere una tarjeta de puntuación perfecta para que nos unamos a él en la eternidad. Así que cuando entregas tu tarjeta de puntuación, incluso si erraste un putt en una vida perfecta, como Hogan en su pesadilla, entonces no vas a poder calificar".

"¡Eso no es justo!" dijo Paul.

"Nadie dijo que iba a ser justo", dijo el viejo profesional con una mirada sincera en su rostro. "Recuerda, es el gobierno de Dios, no el mío. La Biblia dice que todo el mundo tendrá que entregar una tarjeta de puntuación al final de la vida. Tendremos que rendir cuentas por la vida que hemos llevado. A la gente no le gusta oír esto, pero no hay tecnicismos en el buen libro acerca de esta verdad. No sólo es necesario que la tarjeta de puntuación tenga dieciocho birdies en ella por ronda, sino que debemos hacer birdie en cada hoyo en que hemos jugado".

"Eso es imposible", Paul protestó.

"Tienes razón, Paul," lo tranquilizó el viejo profesional. "Pero, ¿qué pasa si alguien vivió una vida perfecta - un birdie en todos los hoyos que jugó - y esa persona ofrece su propia tarjeta de puntuación firmada? Todo lo que tienes que hacer es atestiguar y firmar la tarjeta y se convierte en tuya; puedes entregarla en el día del juicio y estar en casa gratis. Tienes la oportunidad de ir al cielo, lo que, en términos de golf significa, es como ser admitido en el Club de Golf Royal and Ancient.

"¿El más prestigioso club de golf en el mundo? Eso sería un buen negocio", dijo Paul," un regalo increíble".

"En eso tienes razón," dijo el viejo profesional con entusiasmo. "y eso es exactamente lo que Jesús hizo cuando murió en la cruz. Él pagó el precio por nosotros. Él hizo la diferencia. Jugó la ronda perfecta y gratuitamente nos ofrece su tarjeta de puntuación".

Paul procesó esta idea más lentamente en su mente.

"¿Sabes la diferencia entre la justicia, la misericordia y la gracia?", Preguntó el viejo profesional.

"En realidad no."

"Con la justicia", dijo el viejo profesional, "si cometes un delito, obtienes el castigo apropiado. Con la misericordia, si cometes un delito, obtienes menos de la pena que se merece. Con la gracia, si cometes un crimen, alguien más paga la pena máxima. La buena noticia es que Dios nos ha ofrecido el increíble don de la vida eterna y una relación restaurada con él enviando a su Hijo Jesús para pagar la pena por nosotros cuando quedamos cortos por debajo del céntuplo - sin hacer un birdie en todos los hoyos que alguna vez jugamos. Debido a la muerte de su Hijo en la cruz y su resurrección, Dios nos ofrece el Mulligan definitivo en la vida. El evangelio nos dice: La gracia no es acerca de ti, sino del mulligan que Dios ha ofrecido a través de su Hijo Jesucristo".

"Si yo quisiera inscribirme para aprovechar este último Mulligan de Dios, ¿cómo lo podría hacer?"

"Es realmente muy fácil. Es la decisión más importante que tendrás que tomar", dijo el viejo profesional. "Todo lo que tienes que hacer es orar algo como:

Querido Dios, yo sé que no puedo llegar a cien por mi cuenta. Gracias por enviar a tu Hijo Jesús para vivir una vida perfecta y darme los mulligans que necesito para llegar al céntuplo. A partir de ahora estoy listo para moverme en una nueva dirección con él a mi lado. Estoy listo para jugar en tu campo y no en el mío.

"¿Es eso lo que tienen que decir en la iglesia o en una cruzada de Billy Graham?" Paul bromeó con el viejo profesional.

"No exactamente," fue la respuesta, "pero la esencia es la misma. Dios conocerá tu corazón y no es decir las palabras de cierta manera lo que cuenta, es tu actitud sincera. Y cuando esto sucede puedes ir al primer tee, donde encontrarás una tarjeta de puntajes perfecta que ya está firmada por Jesús. Todo lo que tienes que hacer es recibir tu tarjeta, dar fe de ello y la vida eterna está garantizada. Entonces Jesús recogerá tu bolsa de golf y podrás jugar libremente en el campo con él a tu lado durante el resto de tu vida. A partir de ese momento en adelante debes elegir el campo en el que vas a jugar cada día - el viejo por tu propia cuenta o el nuevo con él".

"Will, realmente sabes cómo pintar una imagen clara. Gracias", dijo Paul. "Sin embargo, mi problema es que si me inscribo, me temo que no voy a seguir adelante en mi compromiso."

El viejo profesional tomó una tarjeta de puntaje de su bolsillo trasero y sacó un lápiz. Él escribió en la tarjeta de puntaje las palabras "compromiso" y "seguir adelante". Luego las tachó. "Dios ya sabe que no puedes mantener tu compromiso", dijo. "Él sabe que no puedes seguir adelante. Es por eso que necesitas tu regalo de un mulligan. ¿Recuerda cómo tenías que utilizar una gran cantidad de mulligans en el comienzo de la ronda cuando se podía hacer mulligan en cualquier momento que querías? Todavía estabas cometiendo errores. Esa es la manera en que tu vida será después de orar y dar el primer golpe en el primer tee de tu campo".

"En otras palabras, ¿yo todavía voy a cometer errores?" Preguntó Paul.

"Exactamente", dijo el viejo profesional. "Pero recuerda, entre más jugabas tu ronda menos mullignas necesitabas".

"Correcto", dijo Paul. "Estaba relajado y en el ritmo del juego."

"Va a ser lo mismo con tu vida a medida que desarrolles una relación más fuerte con Jesús. Él te ofrece mulligans ilimitados en tu vida. Su presencia hará que te relajes y te ayudará a mantenerte en el camino sin necesidad de su perdón - un mulligan – a veces". El viejo profesional entregó la tarjeta de puntuación y escribió en el reverso:

Aceptar y recibir, porque
la gracia es un don que te es otorgado.

"Ahora entiendo", dijo Paul. "Necesito un caddie para mi juego de la vida al igual que necesito un caddie para el golf. Aún así, apuesto a que necesitamos tener nuestro propio horario de salida, aparecer y estar listos para jugar y clavar el tee en el suelo".

"tienes ese derecho", dijo el viejo profesional. "Cuando te presentas a jugar el golf de Dios, Jesús por medio del Espíritu Santo está esperando en el primer tee, dispuesto a tomar tu bolsa de golf y guiarte en todo el campo que su padre ha dispuesto - El campo menos jugado. Tienes que clavar el tee en el suelo y pegar el primer tiro. Pero no te preocupes, Jesús camina contigo y estará allí en cada tiro que juegues. Su campo es ahora tuyo para que juegues, pero *hay que jugar los tiros*. Él no va a jugar por ti, a pesar de que está disponible para el apoyo y el consejo. Por lo tanto, antes de cada disparo o decisión que tomes, háblalo y haz estrategias con él".

"¡Vaya!", dijo Paul, estoy sinceramente impresionado. "Eso sería como tener un amigo como tú siempre a mi lado como mi caddie."

"Exactamente", dijo el viejo profesional. "En realidad, él es un mejor amigo de lo que yo podría ser - y un caddie más inteligente."

"Me resulta difícil de creer", dijo Paul.

"Bueno, es cierto; aprenderás esto con el tiempo", aseguró el viejo profesional.

"Seguramente no ves muchos caddies alrededor de los campos de golf hoy en día, ¿verdad?" Paul opinó.

"Eso es verdad", dijo el viejo profesional. "Originalmente el golf fue pensado para ser jugado como un equipo de dos hombres: el jugador y su caddie. El caddie conocía el campo y sabía las fortalezas y debilidades del jugador. Él sabía hasta qué punto el jugador podría golpear varios palos de golf. Hubo muchos tiros ciegos en los campos de golf en el pasado. Por lo tanto, era responsabilidad del caddie mostrar al jugador hacia dónde apuntar y golpear. El jugador tenía que confiar en el caddy con su juego total. Ellos trabajaban como equipo".

"Yo regañé a mi caddie en el primer hoyo en el torneo Pro-Am con Davis Love", dijo Paul con una sonrisa.

"Lo hubiera adivinado", dijo el viejo profesional. "Y sin embargo, la cosa triste sobre eso es que él era el caddie número uno en el campo. Él podría haberte guiado maravillosamente".

"Así que estás sugiriendo que el golf no está hecho para ser jugado solo. Y la vida no está hecha para vivirla solo", dijo Paul pensativo.

"Absolutamente", insistió el viejo profesional. "El caddie trabajó con el jugador como un entrenador. Sin eso, ¡no es de extrañar que el handicap para el golfista promedio en Estados Unidos ha aumentado en lugar de disminuir en los últimos veinte años! Esos carritos de golf eléctricos han arruinado la forma original en la que fue diseñado el juego. Me entristece ver cómo los golfistas de hoy juegan todo para sí mismos. Después de que te bajas del carrito de golf de tu compañero, te paras allí solo y debes prepararte y golpear tu tiro sin ninguna ayuda. Puedes ver lo lejos que hemos llegado del maravilloso y original diseño del juego".

"Así como el diseño original del juego de la vida", sonrió Paul.

"Creo que estás entendiendo," dijo el viejo profesional, sonriendo. "¿Estás listo para firmar, aceptar y recibir a tu compañero de equipo?"

"Escucho lo que dices", dijo Paul. "Lo que has dicho tiene más sentido que cualquier cosa que he escuchado antes de tener una relación con Dios. Pero no estoy seguro de que esté listo para firmar".

"Supuse que no lo estarías," dijo el viejo profesional. "Algunas personas dicen que seguir a Jesús y las instrucciones que él da a sus alumnos es para los débiles. Pero esa no es la verdad. La prueba más dura de la autoestima es inclinar la cabeza y decir: "Querido Señor, no puedo llegar a cien sin ti. No puedo hacer la ronda perfecta.' Nuestro ego no quiere admitir eso, ni ceder el control".

"Estoy escuchando", dijo Paul.

"El primer pecado *no* fue asesinato, adulterio, ni cualquier otra acción que comúnmente denominamos como pecado. El primer pecado fue - y todavía es- el deseo de ser tu propio dios, para el control de la propia vida, y estar a cargo".

"De seguro que he visto eso", dijo Paul.

"No te preocupes", dijo el viejo profesional, "tendremos lecciones futuras. Lo más importante con lo que te quiero dejar hoy es que tienes la oportunidad de tener el Mulligan Definitivo en tu vida - a alguien que te perdone por tus malos tiros, alguien que te perdone por tus errores, alguien que te perdonará por tus transgresiones y alguien que va a estar a tu lado y nunca te dejará".

Paul miró hacia abajo con una mirada pensativa.

"Recuerda que el perdón es amor en acción", continuó el viejo profesional. "Dios te ama incondicionalmente y sabe que no se puede ser perfecto, sin una relación con Jesús. Todo lo que Jesús quiere que hagas es llegar a él en los buenos y en los malos tiempos. Como promete al final del libro de Mateo, Él estará con nosotros hasta el fin del mundo. En otras palabras, no está a más de un susurro de distancia para ayudarte.

Nos vemos la próxima vez. Mientras tanto, si estás listo para el primer tiro en el campo de Dios, llámame".

"Tú serás el primero en saberlo", dijo Paul con una sonrisa.

. . .

Tiros sólidos

Mientras hablábamos en el almuerzo y después, el viejo profesional explicó todo el asunto de "El mulligan definitivo". Yo realmente escuché. Creo que tengo el concepto básico. Me siento bien con mi capacidad de comprender de lo que estaba hablando. Todo esto suena un poco religioso para mí, pero aprecio que Will sea sincero acerca de su fe.

En cierto modo, la idea del mulligan definitivo y tener un caddie de vida que es mejor que el viejo profesional parece demasiado bueno para ser verdad. ¿Qué pasa si yo pudiera tener una puntuación perfecta?

Esto es lo que he recopilado a partir de las ideas de Will para jugar la ronda perfecta y conseguir el Mulligan final:

- Todos nos quedamos cortos del cien; sólo Dios es perfecto.
- Dios requiere una ronda perfecta y todos quedamos cortos para esa puntuación.
- Él envió a su Hijo Jesús para jugar la ronda perfecta por nosotros - dieciocho birdies.
- Jesús murió en la cruz por todos, pagó la pena y fue resucitado. En esencia, Jesús firmó la tarjeta. Todo lo que tenemos que hacer es dar fe de ello y podremos devolverla como nuestra propia ronda perfecta. Eso nos da un lugar en el cielo y un caddie para toda la vida. Eso es de lo que tratan la gracia y el perdón.
- El mulligan definitivo de Dios es nuestro por medio de una amistad con Jesús. Él nos da segundas oportunidades todos los días, desde el primer tee hasta el último hoyo.
- El campo de Dios no está diseñado para los débiles. Una de las pruebas más duras de la autoestima es inclinar la cabeza y admitirle al Señor que uno no puede manejar todo por sí mismo.
- Jesús quiere ser mi caddie y él podría ayudarme a jugar el juego de la vida. Al igual que en el golf, la vida no fue pensada para ser jugada solo.

Mulligans

He jugado solo por mucho tiempo. En el campo de golf y en la vida, no he dejado que nadie sea un caddie para mí. A excepción del viejo Will Dunn, yo ni siquiera tengo amigos. Quiero empezar de nuevo en mi vida relacional. Necesito algunos mulligans aquí.

Me gusta la idea del mulligan definitivo y tener un caddie a mi lado, uno en que realmente pueda confiar. Voy a pensar más sobre esto la próxima semana. Mucho de lo que Will dice tiene sentido. Parte de ello parece ser un poco rebuscado. Creo que el viejo profesional tiene buenas intenciones. Me agrada mucho y confío en él. Sólo que no sé si puedo confiar en lo que está diciendo. Si él tiene razón, ¡entonces vaya! Si se equivoca, entonces creo que está loco o mal informado.

Capítulo 14

El primer
tee de salida

Durante las próximas semanas, Paul pensó mucho sobre todo lo que el viejo profesional le había enseñado sobre mulligans y una relación con Jesús. Volvió a leer sus notas del diario y le llamó la atención lo mucho que estaba aprendiendo sobre la vida y el golf.

Por primera vez, la fe en Dios comenzaba a tener sentido para Paul. Sin embargo, no estaba dispuesto a bajar la cabeza, pararse en el tee y tomar el mulligan defiinitivo, incluso después de dos visitas más al viejo profesional.

Lo que Paul amaba de Will era que él no lo presionaba. Realmente era un amigo que estaba dispuesto a caminar a su lado y escucharlo sin juzgar. Por sus acciones el viejo profesional le enseñó la verdad de que la amistad es la forma que toma el amor cuando se pone en práctica.

Cuanto más tiempo pasaba Paul con el viejo profesional, más se daba cuenta de que Jesús quería ser esa clase de amigo para todos nosotros. *¿Por qué soy tan reacio a admitir que podría utilizar la ayuda de un amigo como Jesús?* pensó Paul. *no tengo que llevar mi propia bolsa de golf o arrastrar un carrito nunca más.*

"No seas duro contigo mismo", dijo el viejo profesional en una de sus visitas. "Se paciente. Va a suceder cuando esté destinado a suceder".

El viejo profesional tenía la razón de nuevo. Sucedió, pero no por un año. Paul estaba tratando con un problema de selección de la alta dirección. Él siempre había sentido que era más que un líder visionario - proporcionando dirección - que alguien que quisiera o pudiera ejecutar las operaciones del día a día. Como resultado de ello, buscó un presidente y un director de operaciones para administrar su empresa diariamente.

El ejecutivo que él había nombrado, mientras que tenía un gran conocimiento de los negocios y muchas de las habilidades necesarias, tenía un conjunto muy diferente de valores operacionales, sobre todo desde que Paul había estado reuniéndose y aprendiendo de su amigo el viejo profesional.

En el pasado, Paul había sido como una gaviota en su puesto como gerente. Si delegaba algo a uno de sus empleados, lo dejaba solo hasta que él o ella cometiera un error. Entonces volaba como una gaviota, hacía mucho ruido, atacaba a esa persona, y salía volando.

Durante una de sus visitas el viejo profesional había convencido a Paul de que no era una buena manera de dirigir a otros o a su juego de golf. " muchas personas no se dan palmaditas en la espalda ni se alaban a sí mismos en el campo de golf. sólo reaccionan cuando cometen un error", dijo el viejo profesional. "Tratamos a las personas en el trabajo de la misma manera. La única manera que saben si están haciendo un buen trabajo o no es si nadie les ha gritado últimamente. Pronto aprenden que la falta de noticias es una buena noticia".

"¿Cómo superar esa tendencia?"

"Hay que establecer un conjunto de valores de funcionamiento y objetivos", dijo el viejo profesional. "Luego pasearse y ver si se puede atrapar a alguien haciendo algo bien. Acentuar lo positivo".

Finalmente, Paul se dio cuenta de la naturaleza de sus últimos fallos. Esto incluso sorprendió al viejo profesional cuando Paul, el Sr. Tipo A, que siempre se esforzó por ser el mejor y lograr más, decidió establecer un conjunto de valores de funcionamiento en su compañía con *la integridad* como valor número uno, seguido de *las relaciones, el éxito y el aprendizaje*. El viejo profesional convenció a Paul para que clasificara esos valores porque, según dijo, "La vida es acerca de elecciones de valor. A veces no se puede hacer dos valores al mismo tiempo".

El ejecutivo que Paul había designado como presidente y Director de Operaciones compró el valor del éxito y quería que la empresa redujera sus costos y que fuera rentable. Los valores de integridad y relaciones llevan poco peso con él. Puesto que él no estaba abierto a la retroalimentación, el aprendizaje no era una prioridad tampoco. Como resultado, estaba causando estragos con la gente de Paul. El nuevo Paul no apreciaba eso.

Paul conectó con el Señor una noche cuando se dirigía a reunirse con Jake para buscar su asesoría, consejo y apoyo en esta materia (¡sí, Jake!). Paul y su hijo tuvieron algunos momentos difíciles cuando Jake se mudó a Atlanta, pero después de que Paul hablara con el viejo profesional acerca de tener una segunda oportunidad - un mulligan - con su hijo, realmente había llegado a él. Paul fue incluso capaz de hablar con Jake sobre su padre alcohólico - el abuelo que Jake nunca había conocido.

Compartiendo sus vulnerabilidades con su hijo comenzó el proceso de curación entre ellos. Paul había aprendido a apreciar las opiniones de su hijo. Jake había conseguido un buen trabajo con otra fabrica en control de calidad. Paul pensó que era un buen hombre de negocios para ser un hombre tan joven. Estaba orgulloso de él. Se sentía cada vez más natural dándole a Jake el consejo, el amor y la alabanza que su hijo había ansiado tener. De hecho, planeaba cenar con Jake esa noche.

En el camino a encontrarse con Jake, Paul se dio cuenta de que estaba teniendo dolor de cabeza de pensar con tanta fuerza sobre el problema con el Director de Operaciones. De pronto llegó un destello cegador de lo obvio: *¿Por qué estaba tratando de resolver esto por sí mismo?* Como el antiguo profesional le había dicho: "La ayuda está a una oración de distancia."

En ese momento Paul dijo al Señor: "No puedo bajar la cabeza por completo ahora porque estoy conduciendo, pero no puedo saber todas estas cosas por mí mismo. Mi puntuación cae por debajo de cien; Estoy listo para jugar en el campo que has trazado para mí. Pero necesito ayuda. Acepto a tu Hijo Jesús como mi salvador, Señor, maestro, amigo, el caddie de por vida, y mi puente entre tú y yo".

En el momento en que tomó esa decisión y dijo estas palabras, Paul podía sentir la energía positiva que se movía a través de su cuerpo. Cuando llegó al restaurante y entró, su hijo levantó la vista de la mesa.

"¿Qué te pasó?", Preguntó. "Te ves diferente."

Cuando Paul le dijo a su hijo acerca de su decisión de aquella noche, Jake estaba feliz por su padre, pero todavía se mostraba escéptico acerca de buscar su propia relación con Jesús. Levantando las cejas, Jake le preguntó: "Papá, ¿cómo afectará esto tu vida?"

Paul tragó saliva y luego se inclinó sobre la mesa y tomó la mano de Jake. "Quiero empezar pidiendo perdón. Yo odiaba a mi padre porque me abandonó y luego te hice lo mismo a ti. Esa es una carga en mi corazón que he estado viviendo desde que el viejo profesional me llamó la atención y me hizo revisar mi vida. ¿Puedo volver a hacer las paces contigo? Te amo, Jake, y desearía haber sido un mejor padre para ti todos estos años."

Con eso, Jake comenzó a llorar. Lo inimaginable estaba sucediendo. Paul un Tipo-A sostenía la mano de su hijo y estaban llorando juntos.

Cuando ambos recuperaron su compostura, Jake dijo, "Papá, lo que acabas de decir va mucho más allá de cualquier sermón que he oído en mi vida."

"Jake, estar aquí contigo ahora es exactamente donde tengo que estar", dijo Paul. "Sé que tengo un largo camino por recorrer y no puedo pensar en una mejor manera de comenzar este nuevo viaje que estando contigo. Gracias por darle a tu viejo una segunda oportunidad - tenemos un montón de cosas para ponernos al día". Luego, volviendo a sus asuntos, dijo: "Hace poco leí que el próximo gran movimiento evangelístico será la demostración. Si quieres que alguien se interese en el Señor, debes comportarte de manera diferente".

"Creo en eso", dijo Jake. "Hablando de demostración, ¿qué vas a hacer con tu alto directivo?"

"Voy a hablar con él mañana en una manera cariñosa pero firme", insistió Paul. "Estoy convencido de que con Jesús como mi caddie, lo que ha de pasar, pasará."

Esa noche, cuando Paul llegó a su casa, dejó un mensaje en el contestador del viejo profesional. "¡Lo hice!", Dijo. "Me apunté a Jesús como mi caddie de por vida. Vamos a hablar. Todavía necesito más estrategias para traer a mi vida el mulligan definitivo diariamente". Antes de ir a la cama, Paul cogió su diario y grabó su decisión de un cambio de vida.

Cuando se sentó con su director de operaciones al día siguiente, hablaron francamente. Paul le dijo lo que le gustaba de su estilo de liderazgo y lo elogió. Entonces le dijo lo que quería que sucediera de manera diferente y lo direccionó nuevamente. Al final, el director de operaciones dijo, "Paul, aprecio su honestidad, pero no estoy seguro de que puedo estar a la altura de sus expectativas. Soy un chico del final de la línea al igual que usted solía ser. No me importa si la gente me quiere o yo a ellos. Eso no me importa. Espero que la gente lleve las cosas a cabo; Yo no estoy aquí para sostener sus manos. ¿Por qué no lo llamamos un final de fotografía entre usted despidiéndome y yo renunciando?" Los dos hombres se echaron a reír y luego Paul dijo: "Eso suena justo para mí, pero quiero que sepas que voy a ver este bien hasta encuentre otra oportunidad."

. . .

Tiros sólidos

¡Hice el mejor tiro de mi vida hoy!

Lo hice. Le pedí a Jesús que perdonara todos mis errores. Todavía no me gusta la palabra "pecado", pero creo que puedo decir que Jesús se llevó mis pecados. Él es mi caddie y mi amigo. Me siento como un hombre nuevo.

El viejo profesional estaba en lo cierto. Sucedió en el momento adecuado. Nadie tenía que obligarme.

Como si fuera poco, comencé un plan de transición con mi director de operaciones y lo hice de la manera correcta. hice lo correcto de la manera correcta. Ese fue un golpe sólido.

Siento una nueva conexión con Jake. Estamos comenzando un nuevo capítulo. Las cosas van a cambiar entre nosotros. Sé que será así.

Siento que Jesús está justo a mi lado señalando los peligros, dándome el palo de golf adecuado, ayudándome en cada momento. ¿Quién hubiera imaginado que estaría donde estoy hoy? ¡Ni yo! Pero me encanta. No puedo esperar para hablar con el viejo profesional y darle la buena noticia.

Mulligans

Veo las cosas de manera muy diferente ahora. Estoy emocionado por el futuro. Tener esta amistad con Jesús me ha abierto los ojos al hecho de que he sido un verdadero imbécil en la forma en que he tratado a las personas. Estoy muy contento de que Dios me ofrece mulligans ilimitados, porque los necesito.

Capítulo 15

El campo de golf
menos jugado

Paul no podía esperar a visitar al viejo profesional para compartir personalmente la nueva decisión que finalmente lo había hecho dar un paso hacia el primer tee. Fue toda una nueva forma de ver la vida, y él estaba emocionado de escuchar lo que el viejo profesional diría sobre cómo seguir adelante y jugar el nuevo campo frente ante él.

En el vuelo de ida, Paul reflexionó de nuevo acerca de la increíble bendición que el viejo profesional había sido en su vida - cómo le había dado una manera totalmente nueva de ver las cosas y una fuerza interior para vivir la vida como él sabía que debía. No podía esperar para salir del avión y conducir al Muni tan pronto como fuera posible.

Mientras dejaba el auto en el estacionamiento, pudo ver a Will sentado pacientemente en su mecedora. Mientras se acercaba al viejo profesional su corazón empezó a acelerarse. El viejo Will Dunn verdaderamente se había convertido en el padre que nunca había conocido y alguien con el que deseaba estar. Tan pronto como sus ojos se encontraron, lágrimas de alegría comenzaron a brotar de los dos. El viejo profesional se puso de pie y recibió a su joven aprendiz con un abrazo, un acto que Paul nunca olvidaría. No se necesitaron palabras; el abrazo lo decía todo. Al igual que el llanto con su hijo la noche que entregó su vida al Señor, este era un abrazo que Paul había anhelado toda su vida - un cálido y amoroso abrazo de aceptación. Significó el mundo para Paul, y él no quería dejarlo ir.

Por fin se sentaron y el viejo profesional se volteó y dijo: "Paul, me alegro de que tomaras esta decisión crucial de unirte a Dios e intentar jugar en su campo de golf."

"¿Qué sigue ahora en mi vida? - Y el golf", preguntó Paul.

"Así que todavía estás interesado en el golf", dijo el viejo profesional con una sonrisa. "Déjame tomar a mi viejo y confiable." Se puso de pie, tomó su putter, y le dijo: "Sígueme".

Paul lo siguió por las escaleras. Caminaron a la izquierda del clubhouse después del green del décimo hoyo, que era un parcuatro largo que serpenteaba a través de una fila de altos robles y pinos a ambos lados. Jugar este hoyo era casi como entrar en una catedral. La escena era tranquila y majestuosa.

Mientras estaban en el tee el viejo profesional recogió su viejo confiable, apuntó hacia el fairway, y dijo: "Paul, ¿qué es lo que ves por ahí?"

Paul dijo: "Sólo veo enormes árboles y todo tipo de problemas. Si golpeo en esos árboles de la derecha, no habrá manera de volver al fairway. Pero si hago hook a la izquierda, estoy en la cárcel. No hay tiro al green".

El viejo profesional dijo: "Ahora esa no es forma de ver este hoyo. Hay una nueva forma de observar este hoyo-, así como tu vida".

"¿En serio?", Dijo Paul.

"Sí," dijo el viejo profesional. "¿Sabías que la mente humana y las computadoras tienen algo en común? Ni el equipo ni la mente saben la diferencia entre lo que es verdad y lo que se les dice. Si pones información en una computadora, no dirá ¿De dónde sacaste la información? Sus cifras son erróneas". Probablemente escuchaste decir acerca de las computadoras: "basura entra. . ."

". . . basura sale", Paul intervino.

"Exactamente", dijo el viejo profesional. "Sucede lo mismo con la mente. Si, cuando te despertaste esta mañana, te miraste en el espejo y dijiste: 'Eres fabuloso', "tu mente no dirá: ¿Quién eres, estás bromeando? Te conozco mucho mejor que eso.

"Estoy seguro de que no lo haría", dijo Paul con una sonrisa.

"Así que si la mente no sabe la diferencia entre la verdad y lo que se le dice, ¿sería mejor programar tu mente con pensamientos positivos o pensamientos negativos?"

"Los pensamientos positivos, obviamente."

"Está bien, entonces, ¿sería mejor en este hoyo pensar en golpear un hermoso drive justo por el medio del fairway o hacer hook en el bosque de la izquierda?"

"¿Estás sugiriendo que ni siquiera debería pensar en el bosque?", dijo Paul, triunfante.

"Exactamente", dijo el viejo profesional. "Y no pensar en los resultados tampoco."

"¿Los resultados?" Cuestionó Paul. "¿No debería pensar en los resultados?"

"Tal vez no," dijo el viejo profesional con una sonrisa sugerente. "Algunos de los mejores golfistas aficionados con los que he trabajado han desarrollado una actitud de NAAR hacia el golf."

"¿NAAR?" dijo Paul.

"Sí, la NAAR. Es sinónimo de **no atado al resultado** (Proviene del acronismo en inglés para NATO, Not Atached To Outcome). Eso no quiere decir que estas personas no están interesadas en hacer buenos tiros o tener una buena puntuación, pero ellos no son sus puntuaciones. No son cada tiro. Como resultado, están más relajados y son capaces de hacer el swing libremente a la bola sin miedo. Cuando estás atado a los resultadoscomienzas a temer sus resultados.

"En el proceso de empezar a programar tu mente con pensamientos negativos. Empiezas a decir cosas como, 'No le pegues en el agua', o, 'No la golpees fuera de límites." Sin saber la diferencia entre la verdad y lo que se le dice, la mente no entiende la palabra no. Así que cuando dices, 'No la golpees en los árboles, "toda lo que la mente escucha es: "Golpéala en los árboles." En su lugar, te debes concentrar hacia dónde quieres ir - el centro del fairway - en lugar de a donde no quieres ir - los árboles. Cuando estás concentrado en algo positivo y tienes un objetivo o una meta en mente, sin preocuparte por el resultado, tendrás un mejor desempeño".

"Una vez escuché a un orador en una convención que le decía a todo el mundo, "No piensen en elefantes rosas. No importa lo que hagas, no pienses en elefantes rosas"', dijo Paul. Luego él le preguntó a todos, "¿En qué están pensando ahora?"

"¡Elefantes de color rosa!", dijo el viejo profesional, sonriendo. "Ese es un ejemplo perfecto de lo que estoy hablando."

"Si me pongo a pensar en los árboles, ¿qué debo hacer?"

"Retroceder en el tiro. Imaginártelos como amigos estirando sus brazos y señalándote hacia el fairway. Le dan definición al hoyo".

"¡Interesante!"

"Una vez que veas el campo de golf desde esta perspectiva, entonces puedes comenzar a construir una imagen positiva en tu mente, en lugar de respuestas negativas", dijo el viejo profesional. "Como he sugerido, la mente no puede diferenciar entre una imagen negativa y una imagen positiva. Simplemente ve la imagen y trata de dirigir su cuerpo hacia el blanco".

"Es el mismo camino en la vida, ¿no es así?" Preguntó Paul.

"Exactamente", dijo el viejo profesional. "Cuando te involucras en relaciones difíciles con personas o circunstancias, es necesario verlos como amigos, no como enemigos. Ellos son sólo una forma en la cual Dios está ayudándote a enfocar tu atención en la dirección correcta. Cuando Jack Nicklaus estaba en la cima de su juego, era uno de los más grandes generales en el campo de golf cuando se trataba de estrategia y enfoque. Antes de hacer un swing, Jack se paraba detrás de la pelota y miraba hacia el fairway con su mente estratégicamente pensando en el tiro. Él le llamó a esto ir al cine.

"¿Qué significa eso?", Preguntó Paul.

"Se imaginaba a sí mismo en una sala de cine, viéndose a sí mismo jugar el tiro en cuestión y llevándolo a cabo exactamente de la forma en que lo había imaginado", respondió el viejo profesional. "Entonces, mientras hacía su swing de práctica, se imaginaba a si mismo jugando ese tiro. Se paraba frente a la pelota, se alineaba con su objetivo y la hacía volar tal como lo había imaginado en su mente."

"Interesante", dijo Paul. "¿Supongo que lo hizo en cada tiro?"

"Seguro que lo hizo", dijo el viejo profesional. "Hay una historia sobre Jack cuando estaba jugando un tiro estratégico en un gran torneo. Fue hace un par de años atrás, cuando solían grabar a los jugadores para obtener cualquier conversación entre ellos y tal vez escuchar algo de la conversación positiva que estaba pasando. Jack, después de ir al cine, vio el tiro desde atrás. Justo cuando empezaba el backswing, un avión voló por encima de su cabeza. La distracción lo hizo detenerse y en voz baja se lo pudo oir diciendo: "Esa estuvo buena." Como ves, ya había jugado su tiro en la cabeza. sólo estaba repasando los movimientos".

"Así que en este hoyo, los árboles podrían incluso no ser parte de su imagen."

"De seguro que no lo serían", dijo el viejo profesional. Luego, con una cálida sonrisa, continuó, "Paul, esta es la forma en que tienes que aprender a jugar tus tiros y también a vivir tu vida. En el golf, primero enfocas la mente en donde deseas que la bola vaya - a continuación, el tiro que quieres jugar. Al seleccionar un palo de golf, te enfocas en el tiro que deseas jugar y cómo vas a ejecutar ese tiro. Luego debes ir a tu bolsa y escoger el palo de golf que te llevará estratégicamente a la posición que deseas. Luego, practica siempre el swing en la dirección que deseas ir. Eso ayuda a poner esa imagen en tu mente y tienes más oportunidades de sacarle provecho al tiro".

"Eso es genial", dijo Paul. "Me gustaría hacer eso cada vez que juego un tiro de ahora en adelante."

"Buena idea", dijo el viejo profesional. "Aquí hay una forma sencilla de recordarlo. Para cada tiro debes ir al cine. Visualizar con el ojo de tu mente el tiro que quieres jugar. Hacer un swing de práctica y experimentar el tiro. Luego comprometerte y confiar en el tiro. Es tan fácil como 1 - 2 - 3. Visualizar, practicar y comprometerse".

"Absolutamente", dijo Paul.

"Ahora haz el swing de práctica y enfócate en el tiro que deseas jugar. Tómate tu tiempo para dejar que tus músculos se pongan en contacto con lo que tu mente está viendo en su película mental. Ahora haz tu swing de práctica y siente el tiro".

"Siento eso ahora", dijo Paul.

"Está bien, Paul, ahora prepárate y liberala por el medio. Allí es donde viene la confianza".

Paul la clavó justo en el centro.

"¡Eso es todo, hijo!", Exclamó el viejo profesional, agitando su puño. "¡Ya lo tienes!"

Paul estaba radiante. "Ya entiendo cómo funciona esto para el golf, pero ¿qué pasa con la vida?", Preguntó. "¿Cómo se relaciona este concepto?"

"Todo se reduce a empezar tu día poco a poco", dijo el viejo profesional. "Mientras ves tu día, enfócate en lo que quieres lograr, no en los obstáculos que pueden estar en tu camino. Imagínate sentado en tu cama por la noche, sonriendo porque has tenido un día productivo. Luego, cuando el día se presenta y ves algunos obstáculos, como árboles a la derecha o agua a la izquierda, puedes centrarte de nuevo en el plan que ya has contemplado. Necesitas ver estos obstáculos como marcadores que te guían en la dirección en que quieres ir".

"Estoy empezando a verlo", dijo Paul.

"¡Bien!", Dijo el viejo profesional. "Y recuerda, ahora tienes un buen amigo y un caddie en tu vida, Jesús, para discutir las cosas en el camino. Eso es lo que quiere de ti: tu atención y tu amistad. Es esa amistad que transformará tu vida, Paul. Es cuestión nuestra ver la vida como una aventura – así como vemos cada hoyo de golf como una aventura nueva - y jugarlo tiro por tiro, planeando y ejecutando cada tiro en la medida de nuestras posibilidades, con su ayuda. Nosotros simplemente confiamos en la imagen que hemos creado juntos y la dejamos ir".

"Gracias", dijo Paul. "Estoy ansioso por poner en práctica la lección de hoy en mi vida."

De vuelta en el avión con destino a Atlanta, Paul se encontró dando gracias a Dios por el gran regalo que le había dado en la persona del viejo profesional. Reflexionó sobre cómo en los pocos días desde que había recibido el mulligan fundamental ya estaba experimentando la nueva vida y la perspectiva de la que el viejo profesional le había hablado. Muchas de las lecciones que el viejo profesional le había dado estaban empezando a hace clic realmente. Podía ver de lo que Will había estado hablando.

Estas verdades se estaban convirtiendo en una realidad y él reconoció que se estaba transformando, no sólo por su amistad con el viejo profesional, sino lo más importante, por un deseo interno de compartir más de su vida con este *amigo* del viejo profesional. Se encontró hablando mentalmente con Jesús como un amigo, caddie y hermano. Vio cómo este sencillo diálogo interior con Jesús y recibir sus mulligans ilimitados podría transformar su vida. Su vieja actitud basada en el desempeño ya no dictaba su vida.

Paul sacó su diario de su maletín y reflexionó, ¡creo que estoy listo para jugar este nuevo campo puesto ante mí!

• • •

Tiros sólidos

El viejo profesional tuvo buenos consejos para hacer tiros sólidos mientras caminaba el campo menos jugado. ¡Este material es oro! Necesito recordar estas ideas simples y voy a hacer algunos buenos tiros en el juego de la vida:

- Basura entra, basura sale. Necesito ajustar mi pensamiento y mantener mi mente en cosas positivas y no negativas. Mi mente es una computadora y tengo que alimentarla con datos positivos. Esto conducirá a tiros sólidos en el golf y en la vida.
- Quiero tener una actitud NAAR hacia el golf y la vida: que no esté atada a los resultados.
- La vida y fe son tan simples como 1 - 2 - 3. Necesito visualizar, practicar y luego comprometerme. Este simple proceso mantendrá mis tiros volando por el centro del fairway.
- Jesús es mi amigo y mi caddie. Puedo confiar en él todo el tiempo. Si lo escucho y sigo su consejo, toda mi vida va a cambiar.

Mulligans

He puesto un montón de basura en mi computadora mental durante todos estos años. Y esto ha llevado a una gran cantidad de basura que sale. Con Jesús como mi caddie y un mulligan en cualquier momento en que lo necesite, voy a vigilar lo que pongo en mi mente. Estoy comprometido con pensamientos positivos y me niego a dejar que lo negativo se apodere de mi pensamiento y de mis actitudes.

Capítulo 16

La llamada telefónica

Paul se mantuvo en contacto con el viejo profesional durante los próximos años. Su amigo resultó ser extremadamente útil proporcionándole a Paul las estrategias para hacer el mulligan final en su vida diariamente. El viejo profesional se convirtió en el amigo que Paul nunca tuvo, y en muchos sentidos, un padre también. Cada vez que Paul viajaba a Asheville para ver al viejo profesional, era una ocasión alegre. Hablaban de corazón a corazón acerca de la vida, su hijo, su nuevo amigo Jesús, y, por supuesto, del golf.

En cuanto a su juego de golf, Paul nunca parecía romper esa barrera y llegar al hándicap ilusorio de un sólo dígito que siempre había querido, pero sin duda tenía más diversión, disfrutaba de la camaradería y desarrolló un aprecio por la belleza que le rodeaba. Su puntuación de golf nunca más tuvo el mismo poder sobre Paul que tenía cuando conoció por primera vez al viejo profesional.

Un día, a principios de primavera, Paul sintió un impulso especial de hablar con el viejo profesional. lo llamó por teléfono varias veces, pero no obtuvo respuesta. Por si no fuera bastante extraño, el contestador de su amigo no estaba funcionando. Incluso si él no podía encontrar al viejo profesional en el teléfono, Paul siempre disfrutaba de escuchar su mensaje:

La vida es una ocasión muy especial. Espero que no te la pierdas. Siento haber perdido su llamada. Por favor, deje un mensaje amistoso. Que Dios los bendiga hoy. Y recuerde: Dios lo ama y yo también

Cada vez que Paul escuchaba ese mensaje, se imaginaba al viejo profesional y le traía una sonrisa a su rostro.

Paul nunca le había preguntado al viejo profesional donde vivía, así que no estaba seguro de cómo encontrarlo. De una extraña manera, el viejo Will Dunn parecía completamente en casa en el campo de golf, en la silla cerca de la casa club, permaneciendo alrededor del área de práctica y enseñando putt a los niños en el green de práctica o en el campo con un amigo.

Paul siempre llamaba anticipadamente y planeaba un tiempo para visitarlo. Pero después de varios intentos de contactar al viejo profesional, decidió volar a Asheville y buscar a su querido amigo.

. . .

Tiros sólidos

Los últimos años han sido increíbles. La vida no es perfecta, pero es genial. Pienso más positivamente. Mis relaciones son más fuertes. Disfruto de casi todas las rondas de golf - aunque todavía puedo dejar que una mala ronda se meta debajo de mi piel más de lo debido. Jesús es mi caddie y mi amigo más cercano. Y estoy aprendiendo a jugar en el campo que Jesús ha puesto delante de mí. Todavía puedo hacer un hook o cortar un tiro en cualquier momento mientras camino por esta vida, pero estoy haciendo tiros más sólidos que nunca.

Mulligans

Dos áreas de crecimiento parecen ser un recordatorio permanente de que todavía necesito mulligans regularmente.

En primer lugar, puedo acelerar y llevar mi motor hasta el máximo, si no tengo cuidado. Me encanta empezar mi día poco a poco y cada vez soy mejor en ello. Pero en cualquier día me puedo desplazar a toda marcha e ir más allá y perder mi tiempo con Jesús. Señor, ayúdame a disminuir la velocidad y tener la disciplina de hacer espacio para que cada mañana se convierta en una parte natural de todos los días.

En segundo lugar, las opiniones de los demás aún pueden tener más influencia en mí de lo que deberían. Tengo que tener cuidado de que Jesús sea mi caddie y que las expectativas y opiniones de los demás no manejen mis decisiones ni acciones.

Capítulo 17

"¡Bien Hecho,
Will Dunn!"

Al día siguiente, Paul canceló todas sus reuniones y tomó el familiar vuelo corto hacia Asheville. Mientras conducía hacia el Muni en busca del viejo profesional, Paul reflexionó sobre los últimos años y lo que habían significado para él, para su familia, e incluso para su juego de golf.

A cerca de cuatro cuadras del campo de golf, Paul se dio cuenta de que debía haber un torneo en ese momento. Había autos estacionados de ambos lados de la carretera. suspiró, pensando en el hecho de que no tenía ganas de dar un largo paseo al campo. Pero cuando se imaginó al viejo profesional empezando el día poco a poco tomando un paseo tranquilo, Paul mejoró su actitud.

Mientras caminaba hacia el estacionamiento del Muni, vio que sus sospechas eran correctas. Había una enorme multitud reunida alrededor del hoyo dieciocho.

Paul se encontró caminando un poco más rápido, con la esperanza de que pudiera ver la caída final del putt. Siguió esperando escuchar un rugido, o un suspiro colectivo si se perdía el putt, pero la multitud se mantenía en silencio.

Debe ser la ceremonia de premiación, Paul pensó para sí mismo, un poco decepcionado. *¡Me la perdí!*

Paul se abrió camino en la parte posterior de la multitud y trató de mirar por encima de la gente para ver quién estaba recibiendo el trofeo. Empujó suavemente a un caballero parado junto a él y le susurró: "¿Quién ganó?"

"¿Qué quiere decir?" Susurró el hombre respondiendo.

Paul dijo: "Esta es una ceremonia de trofeos, ¿verdad? ¿Quién ganó? ¿Quién se llevó el trofeo? "

El caballero miró a Paul por un momento, como si estuviera contando cuidadosamente sus palabras. "Creo que se puede decir que Will Dunn ganó."

Paul estaba confundido: " no lo entiendo."

El señor dijo: "Este es un servicio en memoria del viejo Will Dunn. Él falleció hace tres días. Todos aquí lo llamaban el viejo profesional. ¿Usted lo conocía?"

Las palabras le quitaron el aliento a Paul. Miró hacia atrás a la silla mecedora que todavía estaba en la entrada del club donde él había visitado al viejo profesional tantas veces en los últimos años. Miró hacia el campo de prácticas, forzando la vista, con la esperanza de que iba a ver a su viejo amigo. Entonces su visión se volvió borrosa mientras las lágrimas calientes comenzaron a formarse en sus ojos.

Paul tragó saliva y dijo: "Sí, yo lo conocía. Él era mi amigo, como una especie de padre. Él era *mi* viejo profesional". Para su sorpresa, Paul no se sentía avergonzado de sus lágrimas.

Ayudó que el caballero a su lado también estaba un poco conmovido. Miró a Paul y dijo dos simples palabras: "El mío también"

En ese momento alguien en el hoyo dieciocho dijo una oración y dio las gracias a todos por venir. Nadie parecía querer irse. Ellos simplemente permanecían alrededor del green y comenzaron a conversar, especialmente sobre el viejo profesional.

Paul se alejó solo, caminando por el fairway dieciocho hacia el tee. Reflexionó sobre todo lo que el viejo profesional había significado para él. Sonrió al pensar en lo que lo había llevado a su primera reunión. Pensó, *he recorrido un largo camino.* Cuando volvió y caminó lentamente hacia el green, se llenó de una profunda gratitud por el viejo profesional, por Jesús su caddie, y por la realidad de los mulligans diarios.

La mayoría de las personas todavía se mantenían alrededor del hoyo dieciocho hablando entre si. Paul notó al hombre con el que había hablado antes y se fue a presentar formalmente. "Soy Paul, encantado de conocerlo. ¿Cómo conoció al viejo profesional?"

"Encantado de conocerlo, también. Siento que tenía que ser en estas circunstancias. Conocí a Will después de un torneo Pro-Am en el Biltmore Forest donde jugué hace dos años. Estoy un poco avergonzado de decirlo, pero no me ocupo de mí mismo muy bien y el profesional del tour en mi grupo me presentó a Will después de la ronda. Desde entonces he parado aquí cada vez que viajo a menos de cien millas. He aprendido más de Will sobre el golf, la vida y el amor de Dios de lo que podría decir. "

Paul no sabía si debía reír o llorar. Él preguntó: "¿Fue el profesional de golf Davis Love?"

Con una mirada sorprendida el hombre le preguntó, "¿Cómo lo sabe?"

Paul pasó a contar su historia sobre cómo conoció al viejo profesional, y ambos compartieron un momento de asombro y alegría juntos. Hablaron de cómo ambos habían aprendido sobre el mulligan, a empezar sus días lentamente, el campo menos jugado y a vivir cada día con Jesús como su caddie.

Al terminar su conversación, el caballero le preguntó a Paul: "¿Ha visto el trofeo y la tarjeta de puntaje?" Paul le recordó que él llegó tarde y que no sabía nada acerca de una tarjeta de puntuación. El caballero señaló hacia algunas mesas a un lado del hoyo dieciocho del green y dijo: "Sólo eche un vistazo ahí."

Paul se apresuró a echar un vistazo. Encima de la mesa había una tarjeta de puntuación. Paul miró más de cerca y vio que había un birdie en cada hoyo. ¡Era el puntaje perfecto! La tarjeta fue firmada por Jesús y atestiguada por Will Dunn. Escrita en la parte inferior de la tarjeta había una nota de puño y letra de Will:

Nos vemos en la casa club, mis amigos, en el Royal
and Ancient. Hasta entonces, Dios los bendiga.

Paul esbozó una enorme sonrisa mientras su mente se llenaba de recuerdos de su amigo. Se sentía tranquilo y seguro de que volvería a verlo algún día. Luego Paul miró el trofeo en la mesa y leyó la sencilla inscripción.

"Bien hecho, Will Dunn, siervo bueno y fiel."

Paul sonrió. Esas fueron las palabras que el viejo profesional había querido escuchar al final de su vida. *Sé que has oído esas palabras*, pensó Paul, *¡y yo quiero oírlas algún día también!*

Mientras Paul se alejaba de la mesa de trofeos, se dio cuenta de que todavía había un número de gente hablando, contando historias, riendo y llorando juntos. Notando a un hombre parado a una corta distancia, Paul se acercó y dijo: "Hola, soy Paul. ¿Cómo conoció al viejo profesional?"

"Encantado de conocerlo. Mi historia es un poco rara. ¡Ni siquiera soy un jugador de golf! Conocí a Will una mañana cuando estaba paseando a mi perro. Él estaba tomando su paseo por la mañana, con un palo de golf como bastón, y parecía la persona más satisfecha en el mundo. Terminamos caminando y hablando juntos y antes de darme cuenta me estaba ayudando a aprender cómo iniciar mis días lentamente. Durante los últimos diez años nos hicimos amigos y aprendí mucho de él. Yo ni siquiera sabía lo que era un mulligan la primera vez que conocí al viejo profesional, pero ahora tengo el Mulligan definitivo. uso mulligans todo el tiempo - y no lo hago solo en el golf".

Durante los siguientes veinte minutos, Paul tuvo una serie de conversaciones similares. Su corazón se llenó de alegría al darse cuenta de que el viejo Will Dunn había sido un viejo profesional para tantas personas. Había niños jóvenes que habían tomado lecciones de putt con el viejo profesional. Había un grupo de personas de la misión local de la ciudad que conocieron a Will por las veces en que iba y servía la sopa en el comedor. Habían banqueros, agricultores, amas de casa y médicos.

Por alguna razón, Paul nunca había pensado que el viejo profesional tenía tantos amigos. Cuando se reunían, Paul sentía que él era la persona más importante en el mundo para el viejo profesional. Y, en ese momento, se dio cuenta de que lo era.

Capítulo 18

En la entrada

Mientras Paul comenzaba a caminar alejándose del hoyo dieciocho, vio a un hombre joven en la entrada frente a la sede del club. Estaba sentado justo al lado de la mecedora donde el viejo profesional siempre se sentaba cuando él y Paul hablaban. Caminó lentamente hacia el joven, pensando, *El viejo profesional se habría detenido para hablar con este chico. Tal vez yo también debería hacerlo.*

"Hola, soy Paul."

El joven levantó la vista, "Encantado de conocerle. Soy Tim".

Este chico se parece más a un surfista que a un golfista, pensó Paul. Sin embargo, dijo, "¿Cómo conociste al viejo profesional?"

El joven hombre le contó su historia: "sólo lo conocí hace tres semanas. Tengo un sueño de convertirme en un profesional de la enseñanza de la PGA y un amigo mío me dijo que tenía que reunirme con el Sr. Dunn. Cuando llegué aquí nos llevamos muy bien. Nunca he sido muy cercano a mi papá y el viejo profesional fue tan amable y alentador. Supongo que estaba emocionado porque me sentía como si tuviera un nuevo amigo y pensé que el Sr. Dunn podría ser capaz de ayudarme con mi vida".

El joven continuó: "Él empezó a hablarme de cómo el golf y la vida tienen mucho en común. Mencionó que existe un mulligan definitivo y un campo de golf menos jugado, pero íbamos a hablar más sobre eso hoy. Cuando conducía hoy hacia acá, yo ni siquiera sabía que había fallecido".

Paul miró al joven, que estaba sentado en la misma silla en la que Paul se había sentado tantas veces en los últimos años. Luego miró la mecedora del viejo profesional delante de él. Él pensó, *¿me pregunto si sería apropiado sentarme en la silla de Will?*

Pero Paul sintió un fuerte deseo de hablar con este joven. Mientras Paul se sentaba en la mecedora, miró a Tim y vio anhelo en sus ojos. El joven parecía que tenía algunas piezas de un rompecabezas, pero necesitaba más.

Sin pensarlo mucho, Paul dijo: "¿Alguna vez has oído a alguien decir, 'El golf significa **el juego de la vida primero**'?"

Tim negó con la cabeza. "No."

Paul comenzó a compartir algunas de las lecciones que había aprendido del viejo profesional. Empezó a hablar del mulligan definitivo y del campo menos jugado. Admitió que él había cometido una buena cantidad de errores, pero con la ayuda del viejo profesional tuvo una nueva perspectiva sobre la vida. Paul tuvo cuidado de no presionar a Tim o ir demasiado rápido. Incluso mientras hablaba, siguió teniendo memorias de cómo el viejo profesional había caminado lentamente con él, moviéndose con Paul a su propio ritmo.

Después de hablar un rato, el joven dijo: "¡Usted sabe mucho sobre la vida. Usted tiene todo ya en orden!"

Paul sonrió y dijo: "Usted no habría dicho eso hace cuatro años."

Tim se quedó mirando hacia el hoyo dieciocho por un momento y luego miró a Paul.

"Usted puede decir que no si quiere, yo lo entendería. Pero, bueno, ¿hay alguna manera de que pudiéramos reunirnos y hablar un poco más?"

Paul se sorprendió por la pregunta. Por un momento no sabía qué decir. Todo tipo de pensamientos se agolpaban en su mente. *Este chico me pide ser su viejo profesional. Necesito un viejo profesional en mi vida. No soy material para ser el viejo profesional. Yo ni siquiera tengo un hándicap de un sólo dígito.*

Lo que salió de su boca fue: "¡Sería un honor!"

Mientras Paul decía estas palabras, pensó, *¿Qué me he comprometido a hacer?* Pero, algo en su interior le dijo que, con Jesús como su caddie, él sólo podría tener algo que ofrecer.

Paul sonrió y le preguntó: "Si vamos a reunirnos, debo saber cuál es el lugar que usted llama su hogar." Cuando Tim respondió "Atlanta", una sonrisa estalló en el rostro de Paul. "¡Lo creas o no que es donde vivo!" Ambos estallaron en una buena carcajada y Paul invitó a este joven a unirse con él en su club para una ronda de golf y para continuar con su nueva amistad.

Más tarde, cuando Paul se dirigió a su auto, podía sentir que realmente había un propósito más grande en su vida. *Tal vez algunas cosas están realmente destinadas a suceder*, pensó.

De camino hacia el aeropuerto al pasar por la entrada del Biltmore Forest Club, donde se había reunido con el viejo profesional por primera vez. no pudo evitar detenerse en el estacionamiento y pasear por la entrada donde había conoció a su mentor. disfrutaba de la gloria del campo de golf que se extendía ante él con sus altos árboles y exuberantes fairways. Nunca había apreciado la belleza y la tranquilidad de la creación de Dios de esta manera hasta que conoció al viejo profesional.

Al mirar hacia ese infame noveno green pensó, *no puedo creer que uno de los más vergonzosos nueve hoyos de golf que he jugado se ha convertido en uno de los más beneficiosos. El consejo más importante que he recibido de un profesional de golf era de Davis Love III ese día, y él no dijo ni una palabra sobre mi swing.* Su objetivo ese día había sido aprovechar una relación con Davis Love para continuar su juego de golf. En cambio, Davis - sabiendo que Paul tenía un problema más grande que sólo su juego de golf - le había recomendado al viejo profesional. Lo que Paul recibió no fue lo que esperaba, pero era todo lo que necesitaba: el mulligan definitivo y el regalo de una segunda oportunidad en la vida de su propio hijo.

La vida está llena de mulligans, pensó Paul con una sonrisa. *Yo solía detestar el término, pero ahora "mulligan" es una de las palabras más dulces de mi vocabulario.*

Esa noche hizo un registro especial en su diario.

· · ·

Usted creería que habría visto venir esto y que habría estado preparado para ello, pero la idea del viejo profesional muriendo nunca pasó por mi mente.

Me siento paralizado.

Lo voy a extrañar todos los días.

sólo sé que voy a verlo sentado en una mecedora en la entrada del Royal and Ancient, cuando llegue al cielo algún día. No puedo esperar.

Algo más sucedió hoy que me tomó por sorpresa. Creo que me convertí en un viejo profesional. Este chico, Tim, quiere pasar tiempo conmigo. Él cree que yo sé mucho sobre la vida y quiere aprender de mí.

Siento como Jesús, mi caddie, me guio hacia Tim. De hecho, me siento como si existiera la posibilidad de que pudiera afectar su vida, de alguna pequeña manera - la manera en que Will Dunn impactó la mía.

Yo estaba tan sorprendido por el número de personas que el viejo profesional conoció e impactó. Gente de todos los estratos sociales se reunió para recordarlo. Quizá Dios podría usarme de esta manera en la vida de otros. Aquí está mi oración.

¡Jesús, tú eres mi caddie. Estoy entrando en un camino de un campo que no es familiar. No puedo ser un viejo profesional a menos que me guíes y me des la sabiduría. Por favor, ayúdame mientras camino con Tim. Voy a extrañar al viejo profesional. Gracias por su vida. Gracias por lo que él significó en mi vida y en la de muchos otros. Quiero que sepas que estoy disponible para ayudar a otros a aprender acerca de quién eres y el mulligan que ofreces que puede cambiar sus vidas. Amén!

Epílogo

Cuando los dos nos conocimos, de inmediato nos convertimos en compañeros del alma y amigos porque teníamos un par de cosas importantes en común. En primer lugar, nos encanta el golf y hemos jugado y disfrutado del juego desde que podíamos caminar. Nunca conocimos un juego de golf que no nos gustara. Para nosotros, el peor de los casos de un juego de golf puede ser fabuloso. En segundo lugar, los dos amamos a Jesús - no como alguien atrapado en una iglesia, sino como nuestro amigo y Salvador que quiere caminar con nosotros, tanto dentro como fuera del campo.

El Mulligan reúne estos dos amores de una manera especial.

En primer lugar, no es algo que usted merece o puede ganar. Alguien más tiene que dárselo a usted. No se puede simplemente tomar un tiro de más en el golf sólo porque se quiere. Las personas que juegan con usted tienen que decir: "¿Por qué no te tomas un mulligan?"

En segundo lugar, usted tiene que estar dispuesto a recibirlo. A veces los egos de la gente se cruzan en el camino y dicen: "No, olvídalo. Jugaré desde donde se encuentre." Recibir un mulligan no es fácil. Y, sin embargo, si somos lo suficientemente humildes como para aceptarlo, nos damos cuenta de nuestro verdadero potencial.

Esperamos que haya aprendido a través de este libro que tenemos un amigo en Jesús, que está listo para perdonarnos con un mulligan y aún nos ama cuando nos equivocamos. Cuanto más caminamos con él y dejamos que su amor se manifieste en nosotros, menos mulligans necesitaremos y viviremos una vida mejor, tal como lo hizo Paul, porque no queremos decepcionarlo a él ni a nosotros mismos. No creemos que Paul hubiese podido aprender eso por su cuenta. Necesitaba a Willie Dunn.

¿Ha tenido algunos viejos profesionales en su vida - mentores sabios que le han tomado bajo su protección? Norman Vincent Peale fue eso para Ken. Cuando Norman tenía ochenta y seis años de edad, él y Ken comenzaron a trabajar juntos en *The Power of Ethical Management* (William Morrow, 1988). Norman siguió empujando a Ken hacia una relación con Jesús. Él dijo: "Ken, el Señor siempre te ha tenido en su equipo. simplemente no te has adaptado aún". Ese se convirtió en el llamado de ese momento para que Ken se diera cuenta de que Dios lo estaba esperando con el mayor mulligan de todos los tiempos.

Wally tenía tres viejos profesionales: Old Duke Dupree, un campeón del club de Indiana; Harvey Penick, el legendario profesional de golf y autor de *The Little Red Book de Harvey Penick* (Simon & Schuster, 1992); y Davis Love Jr., un reconocido instructor de golf quien murió trágicamente en un accidente aéreo. Estos tres hombres guiaron a Wally en el desarrollo del personaje y el argumento la historia de este libro.

Si desea saber más acerca de cómo comenzar este viaje o pasar *El Mulligan* a otras personas o unirse en comunión con gente con ideas afines en su área, por favor contáctese con nosotros en www.wallyarmstrong.org. Donde quiera que esté en su viaje espiritual, usted encontrará algunas palabras que lo invitarán a la reflexión de la sabiduría del viejo profesional en nuestro sitio web, así como también información sobre cómo obtener copias adicionales del libro y otros recursos del viejo profesional.

Si usted está interesado en ministerio de Ken, Lidere Como Jesús, vaya a www.LeadLikeJesus.com.

Fue una alegría para nosotros escribir *El Mulligan*. Esperamos que el libro no sólo mejore su juego de golf, sino que cambie su vida también.

Ken Blanchard
Wally Armstrong

Agradecimientos

La escritura de un libro va mucho más allá del pensamiento de los autores. Los mentores como el viejo profesional llegan a nuestras vidas todo el tiempo para ayudar a guiar nuestro viaje. Ya hemos mencionado a Duke Dupree y a Harvey Penick en el epílogo como personas influyentes en la vida de Wally. Davis Love Jr. tuvo una influencia significativa y positiva en los dos. Seríamos negligentes en no reconocer algunas otras personas cuyo pensamiento, alegre apoyo y estímulo ayudaron a bendecir *El Mulligan*.

Wally Armstrong
quiere agradecer a:

Jim Hiskey y a Doug Coe por mantener mi enfoque constante en la sencillez del Evangelio - Jesús, Jesús, Jesús.

Owen Matthews, Jack Smith, Bill Stephens, y Ander Crenshaw por demostrarme durante los años que la vida es realmente todo acerca de las relaciones.

Steve Deihm y Dave Robie por su capacitación y amistad y por liberarme para escribir y enseñar.

Jack Keesling, al Dr. Joe Miller y al entrenador Conrad Rehling por ser viejos profesionales para mí e impactar significativamente mi vida como un joven golfista.

Al McDonald por su tutoría y por compartir grandes ideas de la sabiduría de la escritura.

Joe Girzone, escritor de la serie de libros "Joshua", por su inspiración en el uso de parábolas para enseñar de forma creativa sobre el MAESTRO.

Tim Philpot por su profundo y sincero amor por Dios y por el concepto original de un mulligan para el golf y la vida.

Brent Sapp por su amistad y ayuda en el desarrollo del personaje del viejo profesional.

Dr. David Cook por enseñarme las verdades mentales del golf: "verlo, sentirlo, confiar en el".

mi madre, Lois, por su amor y el ánimo a lo largo de los años.

Ken Blanchard
quiere agradecer a:

Chuck Hogan y Lynn Marriott por lo que me enseñaron acerca de la diferencia entre jugar "golf de swing" y jugar al golf y de lo importante que es enfocarse en el golf y en la vida.

Bill Hybels por enseñarme cómo crear un diario personal y ayudarme a darme cuenta que no puedo seguir adelante o mantener mi compromiso con Dios sin ayuda. Debo aceptar y recibir su gracia por fe y no por mis actos.

Robert S. McGee en su libro *The Search for Significance*, por enseñarme que nuestra autoestima no es en función de nuestros rendimientos y las opiniones de los demás.

James Dodson en su libro *Final Rounds*, por ayudarme a darme cuenta del potencial de NATO del golf.

Norman Vincent Peale por lo que me enseñó sobre el poder del pensamiento positivo en cada parte de nuestras vidas.

Jim Ballard por compartir la necesidad de que todos nosotros empecemos nuestro día poco a poco.

Henry Blackaby por su visión de cómo Dios habla con nosotros de una manera única.

Bob Buford por enseñarme sobre el examen final y que Jesús hace la diferencia entre nosotros y el centenar. ¡Qué manera tan maravillosa de enseñar acerca de la gracia!.

Bob Toski, mi coautor del artículo del *Golf Digest* "The One Minute Golfer", así como también **a Tom Wischmeyer, John Darling, Dave Emerick** y a todos los grandes maestros de la Universidad del Golf por todo lo que me enseñaron sobre el maravilloso juego del golf.

Keith Jackson, posición de ala cerrada de la NFL, por compartir conmigo que la BIBLIA puede significar las instrucciones básicas antes de dejar la Tierra.

Art Turock por enseñarme la diferencia entre el interés y el compromiso.

Michael O'Connor por enseñarme acerca de lo importante que es que las organizaciones clasifiquen sus valores.

Tony Robbins por enseñarme lo que el cerebro y la computadora tienen en común.

John Ortberg por compartir conmigo lo absurdo que es el término "despertador".

Wally y Ken
quieren agradecer a:

Los miembros del equipo de Zondervan que trabajaron en el libro y a los productos relacionados con el plan de estudios: **Dudley Delffs**, Vice-Presidente y Editor de Trade Books; **John Raymond**, Vice-presidente y editor para el equipo de Church Engagement; **Greg Clouse**, Editor principal de productos del plan de estudios; **Verlyn D. Verbrugge**, Editor principal de Large para Recursos Bíblicos y Teológicos; **Rob Monacelli**, Director Creativo de Recursos del Ministerio y compromiso de la Iglesia; **Ben Fetterley**, Diseñador interior del libro y coordinador del proyecto; **Mike Cook**, Director de Marketing para el equipo Iglesia de compromiso; **Tom Dean**, Director principal de Marketing; y **TJ Rathbun**, Director de producciones audiovisuales.

El difunto **Bob Jewell** por capturar nuestra visión para *el Mulligan* y estar dispuesto a organizar e implementar una estrategia para hacer que sucediera a través de los recursos del viejo profesional.

AGRADECIMIENTOS

Kevin Harney por su ayuda al escribir este libro.

Phil Hodges por todo su apoyo, retroalimentación y ayuda durante la redacción de este libro.

Phyllis Hendry y el personal de Lidere Como Jesús (Lead Like Jesus) por orar por nosotros y animarnos.

Kevin Small por sus comentarios sobre el libro, trabajar en el contrato y por todo su pensamiento de marketing creativo.

Richard Andrews por toda su ayuda en nuestro contrato y por hacer de este libro una realidad.

Nancy Jordan por poner nuestras divagaciones en el papel de una forma amorosa, cariñosa y estimulante.

Anna Espino, Dottie Hamilt, Martha Lawrence y a todas las grandes personas en las empresas Ken Blanchard que han sido tan pacientes y serviciales con nosotros durante este proyecto.

Mike and Jean Regan por unirnos para poner las cosas en marcha.

Debbie Armstrong y Margie Blanchard, nuestras esposas, por su amor, paciencia e inspiración para seguir adelante con *El Mulligan*.

Y finalmente, por último, pero no menos importante, a **Jesús** por hacer que todo fuera posible. Para ti que sea todo honor y gloria. Amén.

Acerca de los autores

Ken Blanchard, coautor de *The One Minute Manager* ® y más de cuarenta libros de gestión y liderazgo, se caracteriza universalmente como una de las personas más perspicaces, poderosas y compasivas en los negocios de hoy en día. es conocido por su habilidad para hacer lo aparentemente complejo fácil de entender. Ken es Jefe Espiritual Oficial de The Ken Blanchard Companies™, líder mundial en el aprendizaje en el lugar de trabajo, la productividad de los empleados, el liderazgo y la eficacia. Es cofundador de Lead Like Jesus (Lidere Como Jesus), una organización para ayudar a todas las personas para que aprendan y modelen los principios de liderazgo que Jesús vivió.

Walter Armstrong ha competido en más de trescientos eventos del Tour PGA en todo el mundo, obteniendo una membresía de por vida al Tour PGA. Ahora viaja por el mundo dando conferencias y dirigiendo consultorías para organizaciones benéficas y empresas, así como la producción de videos, consultorías y libros sobre la técnica del golf. Armstrong es coautor de seis libros, incluyendo *In His Grip (En Su Grip)*, *Playing the Game* (Juegue el Juego)y *The Heart of a Golfer(El Corazón del Golfista)*.

Recursos adicionales

Libros

Wally Armstrong. *In His Grip: Foundations for Life and Golf*. Woodstock, VT: Countryman Press, 1998.

Ken Blanchard. *It Takes Less Than One Minute to Suit Up for the Lord*. Mechanicsburg, PA: Executive Books, 2004.

Ken Blanchard and Phil Hodges. *Lead Like Jesus*. Nashville, TN: Nelson, 2005.

Ken Blanchard and Phil Hodges. *Lead Like Jesus: Leadership Development for Every Day of the Year*. Nashville, TN: Nelson, 2008.

Ken Blanchard and Phil Hodges. *The Most Loving Place in Town*. Nashville, TN: Nelson, 2008.

James Francis, with foreword by Ken Blanchard. *One Solitary Life*. Nashville, TN: Nelson, 2005.

Ken Jennings and John Stahl-Wert. *The Serving Leader*. San Francisco: Berrett-Koehler, 2004.

Sitios web

Lidere como Jesús es un ministerio sin ánimo de lucro con una misión de inspirar y preparar a las personas para liderar como Jesús con el propósito de restaurar la alegría en el trabajo y en la familia. Para más información sobre Liderar como Jesús y sus productos, servicios y programas, por favor visite:

www.leadlikejesus.com

Wally Armstrong efectúa exposiciones y consultorías en todo el mundo. Su sitio web presenta productos de golf, información sobre escuelas de golf y un sinfín de ofertas relacionadas con Mulligan: *la guía de estudio Mulligan y los 6 DVD de la Guía de estudio Mulligan*; descuentos especiales para camisetas de regalos Mulligan; información sobre retiros de golf Mulligan y comenzar un club de golf Mulligan en su área y oportunidades de viajes internacionales. Para programar una visita de Wally a su próximo evento o averiguar sobre el patrocinio de un evento de un abierto de golf Mulligan, por favor visite:

www.wallyarmstrong.com

Productos relacionados

La Guía de Estudio Mulligan y *Los 6DVD* de la *Guía de Estudio Mulligan*, disponibles en Zondervan.

Made in the USA
Coppell, TX
20 March 2022

75276505R00049